Droit Romain:- De La Preuve Littérale: Droit Français:- Histoire Du Droit, Les Origines Du Notariat Français. Droit Actuel:- L'acte Authentique Notarié.]

Albert Charles Hector Coppin

98

UNIVERSITÉ DE FRANCE

ACADÉMIE DE DOUAI   FACULTÉ DE DROIT

THÈSE
POUR LE DOCTORAT

*L'acte public sur les matières ci-après sera soutenu
le Mercredi 30 Juillet 1884, à dix heures du matin*

PAR

COPPIN (ALBERT-CHARLES-HECTOR)

Né à Douai le 7 Mars 1858

Avocat à la Cour d'appel de Douai

(LAURÉAT DE LA FACULTÉ)

Le Candidat devra, en outre, répondre à toutes les questions qui lui seront
faites sur les autres matières de l'enseignement.

JURY D'EXAMEN

Président : M. DANIEL DE FOLLEVILLE, Doyen.

Suffragants :
MM. FÉDER
PIÉBOURG
GARÇON
} Professeurs.

VALLAS, Agrégé, chargé de Cours.

DOUAI
IMPRIMERIE L. DECHRISTÉ PÈRE
RUE JEAN-DE-BOLOGNE, 1
— 1884 —

FACULTÉ DE DROIT DE DOUAI.

MM.

DANIEL DE FOLLEVILLE (O. I. P. ⬤), doyen, professeur de Code civil et de Droit international privé.

DRUMEL (A. ⬤), professeur de Droit romain, député, membre du Conseil supérieur de l'Instruction publique.

FÉDER (A. ⬤), professeur de Code civil et chargé du cours sur une matière approfondie du Droit français.

PIÉBOURG, professeur de Droit romain, chargé d'une conférence sur les Pandectes.

GARÇON, professeur de législation criminelle, chargé d'un cours d'histoire du Droit romain et du Droit français , pour le doctorat.

POISNEL-LANTILLÈRE, agrégé, en congé, attaché à l'Ecole française de Rome.

LEPOITTEVIN, agrégé, chargé du cours de procédure civile et du cours sur le Droit des gens public et les législations comparées de l'Angleterre, de la Belgique et de la France.

VALLAS, agrégé, chargé d'un cours de Code civil et du cours de législation industrielle.

LACOUR, agrégé, chargé du cours de Droit commercial terrestre et du cours de Droit commercial maritime.

BOURGUIN, agrégé, chargé du cours de Droit administratif et du cours de Droit constitutionnel.

AUBRY, agrégé, chargé du cours d'histoire générale du Droit français public et privé et du cours sur l'enregistrement, considéré dans ses rapports avec le Droit civil.

BRISSONNET, agrégé, chargé d'un cours de Droit romain et d'un cours complémentaire de Code civil.

FETTU, agrégé, chargé du cours d'économie politique et d'un cours spécial de procédure civile, pour le doctorat, sur les saisies.

Doyen honoraire : M. **BLONDEL** , ✻ (O. I. P. ⬤), conseiller à la Cour de Cassation.

MM. **PROVANSAL** (A. ⬤), secrétaire.
COUSIN (A. ⬤), licencié en droit, bibliothécaire.

A MA GRAND'MÈRE

A MON PÈRE & A MA MÈRE

DROIT ROMAIN

DE LA PREUVE LITTÉRALE

———

DROIT FRANÇAIS

HISTOIRE DU DROIT

LES ORIGINES DU NOTARIAT FRANÇAIS

———

DROIT ACTUEL

L'ACTE AUTHENTIQUE NOTARIÉ

DROIT ROMAIN

DE LA PREUVE LITTÉRALE

INTRODUCTION HISTORIQUE

Il est extrêmement intéressant d'étudier, dans l'antiquité, l'histoire de l'écriture envisagée comme preuve des conventions, ses progrès, l'extension qu'elle a prise chez certains peuples, l'abandon où certains autres l'ont laissée; on peut voir dans ces fluctuations une image fidèle du caractère de chaque nation. Sans remonter aux Babyloniens et aux Hébreux, chez qui l'écriture était fort en honneur, nous trouvons en Grèce, à Sparte d'une part, à Athènes d'autre part, la confirmation de ce que nous venons d'avancer; le rôle plus ou moins étendu de l'écriture dans les relations intérieures de ces deux républiques est comme un reflet de leurs caractères si remarquablement tranchés.

1

« Lacédémone, si grande par ses institutions
» politiques, ne connut ni le commerce, ni l'ar-
» gent, ni les arts; l'égalité des fortunes, cons-
» tamment maintenue par les lois et par l'ab-
» sence de toute espèce de luxe, faisait disparaî-
» tre les jouissances attachées à la propriété.
» D'un autre côté, des réglements sévères, exé-
» cutés par des magistrats plus sévères encore,
» prenaient les Lacédémoniens au berceau pour
» les suivre et les surveiller pendant toute leur
» vie; aussi n'y avait-il que peu de transactions
» particulières et presque point de délits; s'éle-
» vait-il quelque contestation, on la soumettait
» à quelques arbitres qui tâchaient toujours de
» la terminer amiablement; s'ils ne pouvaient y
» parvenir, le tribunal des deux rois, ou le sénat
» avec eux, les éphores, prononçaient sur le dif-
» férend (1). »

Plutarque, également, dans la vie de Lycurgue,
nous apprend que l'écriture n'était pas en honneur dans la patrie de ce grand législateur.

« Lycurgue ne voulut pas qu'on écrivît aucune
» de ses lois, il le défendit même par une de ses
» ordonnances. Il croyait que rien n'a plus de
» pouvoir et de force pour rendre un peuple
» heureux et sage que les principes qui sont
» gravés dans les mœurs et dans les esprits des
» citoyens. Ils sont d'autant plus fermes et plus
» inébranlables, qu'ils ont pour lien la volonté

(1) M. Solon, *Essai sur les Preuves*, n° 16.

» toujours plus forte que la nécessité, quand elle
» est la suite de l'éducation qui fait pour les jeunes
» gens l'office du législateur. Quant aux contrats
» moins importants et qui ne regardent que les
» objets d'intérêt et changent souvent, suivant le
» besoin, il crut plus utile de ne pas les assujet-
» tir à des formalités écrites et à des coutumes
» invariables, mais de laisser aux gens instruits
» le soin d'y ajouter ou retrancher ce que les
» circonstances leur feraient juger nécessaire (1). »

A Athènes, au contraire (2), où le commerce et
les arts prirent des proportions si considérables,
la législation plus policée, plus humaine, admit
de bonne heure l'écriture comme preuve des conventions. Elle y acquit même par la suite une
grande importance.

On y faisait la distinction des actes publics et
des actes privés et ces derniers se divisaient eux-
mêmes en chirographes, actes écrits et scellés
par une seule partie, et en syngraphes, actes écrits
et scellés par les deux contractants. Des témoins
assistaient à la confection de l'acte qui le plus
souvent était déposé, soit chez un tiers, soit chez
un banquier.

A Rome, et surtout dans le droit primitif, on
peut dire que la preuve testimoniale était seule
admise. L'écriture était si peu usuelle dans les
affaires privées et même dans les affaires publi-

(1) Plutarque, *Vie de Lycurgue*, n° 18.
(2) Sygonius, *de Rep. Athen.*, II, 2.

ques, qu'au dire de Tite-Live, quatre-vingts ans
après la rédaction décemvirale, c'était au moyen
de clous fichés dans le temple de Jupiter Capitolin
que, vu la rareté des lettres, se comptait le nombre des années. *Raræ per ea tempora litteræ
erant* (1). En effet les conventions les plus impor-
tantes, les actes solennels se prouvaient par
témoins ; il est certain que la solennité des actes,
la précision des formules et les gestes symboliques
devaient fortement frapper l'esprit des assistants
et venir en aide au souvenir des témoins ; aussi
ne devons-nous pas nous étonner que la preuve
littérale soit restée si longtemps inappréciée chez
les Romains.

La loi des douze tables n'en parle pas et ce ne
fut que bien tard, sous les empereurs, à l'époque
des grands jurisconsultes, qu'on la vit prendre
place dans la procédure à côté de la preuve testimoniale, vis-à-vis de laquelle elle n'occupa
d'abord qu'un rang secondaire.

Peu à peu l'usage des écrits se répandit et
Marcellus nous apprend que le Sénat, au temps
d'Adrien, avait donné aux monuments publics
une supériorité marquée sur les témoins.

« *Census et monumenta publica potiora esse
testibus Senatus censuit.* »

Cette règle posée dès le temps d'Adrien semble
avoir persévéré pendant toute la décadence de
l'empire d'Orient.

(1) Tite-Live, liv. VII, cap. III.

Harménopule l'invoque en effet dans le livre 1er titre 6 de son *promptuarium juris civilis* (1).

En général, l'écrit n'était destiné qu'à servir d'*instrumentum*, c'est-à-dire à faciliter la preuve de la convention ; quant à la validité de la convention elle-même, elle en était indépendante ; cependant l'écriture servait à former l'obligation dans le contrat *litteris* et dans d'autres contrats, quand les parties avaient subordonné leur perfection à cette formalité. Dans ce dernier cas, la convention n'était parfaite qu'autant que l'écrit avait été rédigé ; c'est ce que dit Justinien dans le *proœmium* du titre de la vente aux Institutes.

In his autem quæ scriptura conficiuntur non aliter esse perfectam venditionem et emptionem constituimus, nisi et instrumenta emptionis fuerint conscripta.

Il y a également des cas où la loi romaine avait imposé la nécessité de l'écriture. Ainsi l'ingénuité ne pouvait être prouvée que par écrit. *Si tibi causa ingenuitatis fit, defende causam tuam et instrumentis et argumentis quibus potes. Soli enim testes ad ingenuitatis probationem non sufficiunt* (2).

Il en était de même pour la légitimation, l'adoption, l'émancipation anastasienne, l'affranchissement dans les églises et la répudiation.

L'insinuation des donations rendue obligatoire

(1) Cujas, ad. tit. 20, *de Testibus.*

(2) Loi 2, Code, *de Testibus,* IV, XX.

par les constitutions impériales était une façon indirecte d'exiger un écrit, puisqu'elle n'avait lieu qu'au moyen du dépôt de l'acte.

A l'époque de l'invasion des barbares, tant la preuve littérale que la preuve testimoniale sont momentanément remplacées par des genres de preuves appropriés à une société brutale et grossière ; ce sont les épreuves par le fer rouge, le feu, l'eau, les sorts, le combat judiciaire, le serment de la partie confirmé par les *cojuratores*.

Mais on ne tarda pas à comprendre que se servir de pareils procédés, c'est remettre la décision des litiges au parjure, au hasard, à la force brutale.

On en revint bientôt à la preuve testimoniale, d'autant mieux qu'au moyen-âge, l'art d'écrire n'était guère pratiqué que par un petit nombre de clercs. Bouteiller, dans sa somme rurale, tit. CXVI, formule le principe suivant : « S'il » advient qu'en paiement une partie se veuille » aider de lettres en preuve et l'autre partie se » veuille aider de témoignage singulier, sachez » que la vive voix passe vigueur de lettres, si les » témoins sont contraires aux lettres. »

Beaumanoir essaya de donner la préférence à la preuve littérale : « Cil, dit-il, (ch. XXXIX, § 3) » qui s'obligea, nie l'obligation, il ne le convient » prover, fors par lettres. » Cette doctrine ne prévalut pas et pourtant les anciennes coutumes attestaient elles-mêmes en maint endroit l'incertitude de la preuve testimoniale, surtout de celle

qui se fait par ouï-dire. « Fol est qui se met en
» enqueste, dit Loysel (n° 770), car le plus sou-
» vent qui mieux abreuve mieux preuve. »
« Ouï-dire va par mille, en un muid de cuider,
» il n'y a point plain poing de sçavoir. » « Voix
» d'un voix de nun *(Testis unus, testis nullus)*. »
(N° 779), etc.

Ce fut en Italie, vers 1453, que la réaction commença à s'opérer contre un état de choses aussi
favorable à la multiplication des procès. Un statut
de Bologne, approuvé par le Pape Nicolas V,
défendit la preuve par témoins des paiements au-
dessus de cinquante livres.

En France, ce ne fut qu'au XVIe siècle que
s'opéra la réforme. Le Parlement de Toulouse
avait envoyé des députés auprès de Charles IX
aux États de Moulins. Ils sollicitèrent et obtinrent
la disposition qui forme l'art. 54 de l'ordonnance
de 1566, aux termes duquel il doit être passé
contrat de toutes choses excédant la valeur de
cent livres.

Cette ordonnance de Moulins rendue sur l'ins-
tigation du chancelier l'Hôpital opéra une véritable
révolution, car désormais le principe « témoins
passent lettres » fut renversé. Elle fut reçue avec
faveur par les Parlements, cependant elle souleva
des oppositions très vives. Boiceau, qui nous en
a laissé un commentaire très apprécié, nous
apprend qu'elle parut dure, odieuse et contraire
au droit ; cependant, peu à peu, le nouveau principe s'affirma dans les diverses branches de la

législation. En 1579, nous voyons l'ordonnance de Blois obliger les curés à mentionner, sur les registres de la paroisse, l'heure des naissances et des décès. Celle de 1639 veut un écrit pour constater la célébration du mariage religieux.

Enfin, sous Louis XIV, la célèbre ordonnance sur la procédure, d'avril 1667 (tit. XX, art. 2), confirme et développe les règles posées dans celle de Moulins.

Le législateur moderne (Code civil, art. 1341) a consacré, en s'inspirant des mêmes motifs, les restrictions apportées par les ordonnances à l'admissibilité de la preuve testimoniale ; c'est ainsi que peu à peu, par une marche lente mais sûre, l'écriture à dépassé la parole comme moyen de preuve ; cette préférence des législateurs actuels s'explique par les considérations suivantes :

« La parole est un instrument dont nous faisons souvent un usage indiscret, parce qu'elle est trop promptement à notre disposition et aussi parce que nous savons qu'elle est fugitive et ne laisse point après elle de traces faciles à saisir. L'écriture au contraire exige toujours quelques apprêts et suppose par conséquent la volonté d'accomplir un acte qui a quelque chose de sérieux. Elle révèle donc, plus sûrement que la parole, nos intentions réelles, la vraie nature de nos actes et la portée de nos dispositions (1). »

(1) Derome, *Revue de Législation*, année 1850, I, p. 374.

Ajoutons avec d'Aguesseau : « La parole ne
» communique ses biens qu'aux présents, l'écri-
» ture y fait participer les absents mêmes et elle
» y joint l'avantage de donner une espèce de
» durée et d'utilité éternelle aux pensées, aux
» sentiments et aux actions des hommes (1). »

Avec Montesquieu, que l'écriture est un témoin
qui est difficilement corrompu (2). Nous devons
toutefois reconnaître qu'à côté de ces avantages,
la preuve littérale comme tout autre genre de
preuve a ses inconvénients ; si l'écrit est un
témoin incorruptible, c'est un témoin sourd, muet,
aveugle, sans expression, sans physionomie, sans
vie.

Certains faits se prêtent rarement à ce genre
de preuve ; ce sont les crimes et les délits, les
coupables ne laissent guère de traces écrites, des
témoignages accusateurs contre eux-mêmes.

Il peut arriver aussi que l'écrit ait été altéré,
faussé par une main criminelle.

C'est donc un moyen qui mène souvent, mais
qui ne mène pas toujours à la découverte de la
vérité.

On distinguait à Rome différentes sortes
d'écrits. Les commentateurs ne sont pas d'accord
sur la classification qui doit en être faite. Malgré

(1) 8ᵉ Méditation.

(2) *Esprit des Lois*, liv. XXVIII, ch. XLIV.

l'opinion émise par plusieurs auteurs qui mettent sur la même ligne les actes publics et les actes reçus par les tabellions (Voët, Pothier), nous diviserons les écrits qui peuvent être produits en justice en trois grandes catégories :

1° Ecrits privés, se subdivisant eux-mêmes en deux classes :

1° Les écritures domestiques, c'est-à-dire les titres que l'on pouvait se créer soi-même, « *scriptura qua unusquisque sibi adnotatione propria debitorem sibi constituit,* » comprenant les *rationes domesticæ,* les *argentariorum codices,* les *rationes pupillares.*

2° Les titres privés, proprement dits *instrumenta privata,* c'est-à-dire les titres émanés de personnes obligées, comprenant les *syngraphæ* les *chirographa,* les *apochæ,* les *antapochæ,* les *cautiones,* etc.

2° Ecrits *forenses* ou reçus par les tabellions, actes appelés indifféremment par les textes *acta forensia, instrumenta publice confecta, scripturæ forenses, acta publice celebrata, acta quæ habent tabellionum supplementum.*

3° Ecrits publics, comprenant les *publicæ tabulæ,* titres émanés des autorités publiques, qui étaient authentiques par eux-mêmes, et les *instrumenta publica,* titres non originairement authentiques, mais qui acquéraient ultérieurement ce caractère par leur dépôt aux archives.

Chacune d'elles fera l'objet d'un chapitre, nous

chercherons ensuite à déterminer la valeur comparative de la preuve littérale et de la preuve testimoniale.

Les documents que nous offrent sur cette matière les recueils de textes ne sont pas nombreux. Dans le Droit romain classique, nous ne trouvons guère que quelques textes de Gaïus, et le titre fort court *de fide instrumentorum et amissione eorum* au *Digeste*.

Ce fut surtout sous Justinien, alors que l'écriture était devenue plus générale, que les différents modes de preuve par écrit furent réglés. Le titre du Code est plus riche en documents que celui du *Digeste*, et les novelles complètent la législation de cette matière.

Pour l'intelligence de la théorie de notre preuve, nous aurons souvent besoin de consulter l'histoire et d'éclairer de son flambeau certaines questions qui sont encore bien obscures. Nous ne ferons en cela que suivre le précepte d'un grand esprit, M. Michelet: « C'est, dit-il, à l'histoire » qu'il faut se prendre quand l'idée vacille et » fuit à nos yeux. Adressons-nous aux siècles » antérieurs; épelons, interprétons ces prophéties » du passé; peut-être y distinguerons-nous un » rayon matinal de l'avenir (1). »

---

(1) Discours d'ouverture prononcé à la Faculté des Lettres le 9 janvier 1834.

CHAPITRE PREMIER

DES ACTES PRIVÉS

Section I.

DIFFÉRENTES CLASSES D'ACTES PRIVÉS.

I. — CONTRAT LITTERIS.

Dès les premiers temps, la coutume et la loi romaine avaient établi, pour tous les actes de la vie civile, des formalités solennelles dont l'observation rigoureuse assurait seule la validité des conventions; le consentement réciproque des parties, leur volonté clairement, librement manifestée ne suffisait pas pour créer l'obligation. Il fallait une nature et une forme moins spiritualistes ; une traduction plus rude et plus sensible, un vêtement plus matériel.

L'obligation ne se contractait entre les parties qu'au moyen de la pièce d'airain et la balance

(*per æs et libram*) avec les paroles sacramentelles
(*nuncupatio*) qui devaient être prononcées. Cet
acte portait le nom générique de *nexum*.

« *Nexum est,* dit Festus, *quodcumque per æs*
» *et libram geritur idque necti dicitur.* » Sous
l'empire de cette législation, les titres de créances
ou de propriété ne pouvaient être que des procès-
verbaux constatant l'accomplissement des formalités compliquées indispensables à la validité des
conventions.

Avec le temps on s'affranchit de la solennité
matérielle, on tint pour accomplie la formalité de
la balance et du métal; on détacha seulement la
nuncupatio, c'est-à-dire les paroles solennelles et
l'on s'obligea par elles comme si le métal avait été
pesé et donné réellement. C'est la première déri-
vation du *nexum.*

La seconde donna naissance aux obligations
par lettres (*litteris obligatio*), dans lesquelles on
considérait non seulement la cérémonie *per æs et
libram* comme accomplie, mais encore les paroles
solennelles comme prononcées.

Pour les former, il suffisait d'inscrire sur des
registres la somme qui en formait l'objet comme
pesée et donnée d'une part, comme reçue de l'autre.

Aussi, peut-on dire qu'elles forment la transition entre le système rigoureux et formaliste de
l'ancienne législation en matière d'obligations et
les principes plus naturels, plus philosophiques
des temps modernes sur l'effet du simple consentement.

A Rome, dès que les lettres furent introduites et répandues, le *pater familias* prit l'habitude de consigner exactement, jour par jour, sur un registre domestique, toutes les opérations concernant les intérêts pécuniaires de sa famille.

« *Moris autem fuit*, nous dit Asconius, dans
» ses annotations sur la seconde verrine de Cicé-
» ron, *unumquemque domesticam rationem sibi-
» totius vitæ per dies singulos scribere ex quâ
» appareret quid quisque de reditibus suis, quid
» de arte, fœnore lucrove seposuisset quoquo die
» et quid sumptus damnive fecisset.* »

C'était un usage si général, si répandu que Cicéron nous présente, comme quelque chose de nouveau et d'inouï, la prétention qu'un citoyen n'aurait pas tenu de registres ou les aurait tenus irrégulièrement.

« *Audimus aliquem tabulas nunquam confe-
» cisse..... Audimus alium non ab initio fecisse
» sed ex tempore aliquo confecisse..... Hoc vero
» novum et ridiculum est (1).* »

Ce registre portait le nom de Codex ou *tabulæ*. On le rédigeait régulièrement tous les mois, au moyen des *adversaria*, sorte de main courante, de brouillon, sur lequel toutes les opérations étaient inscrites provisoirement, et cela sans méthode, au fur et à mesure qu'elles se présentaient. On a essayé, il est vrai, de soutenir que le Codex pouvait, quant à sa forme, être assimilé au grand

(1) *In Verrem*, actio II, lib. 1, § 23.

livre de nos commerçants dans la comptabilité
en partie simple. Outre que cette opinion est purement arbitraire puisqu'elle ne s'appuie sur aucun
texte, elle est contraire à l'esprit de l'institution.
Le Codex n'était pas un livre de commerçant,
mais simplement le livre de caisse de tout père
de famille. Partant la comptabilité en partie simple de notre grand livre utile pour les commerçants ne serait le plus souvent qu'une gêne et
un embarras pour un simple particulier qui n'a
pas des relations d'affaires régulières et suivies,
mais qui veut avant tout se rendre un compte
exact et facile de sa situation financière.

Tous les cinq ans, les censeurs recevaient le
serment des citoyens sur la fidélité de leurs registres.

Les *adversaria* étaient sans autorité juridique,
mais le Codex, à cause de son origine antique et
de son caractère presque religieux, offrait aux
juges des éléments de preuve du plus sérieux
examen (1).

Le caractère différent des *tabulæ* et des *adversaria* est très bien marqué par les paroles que
Cicéron adresse à Fannius invoquant ses *adversaria*.

« *Quid est quod negligenter scribamus adver-
» saria, quid est quod diligenter conficiamus
» tabulas? Qua de causa? Quia hæc sunt mens-*

(1) C'est le contraire de ce qui se passe aujourd'hui, la loi
faisant du journal le livre nécessaire. (C. de com., 8 et suiv.)

» *trua, illæ sunt æternæ; hæc delentur statim,*
» *illæ servantur sanctæ: hæc parvi temporis me-*
» *moriam, illæ perpetuæ existimationis fidem et*
» *religionem amplectuntur: hæc sunt dejecta,*
» *illæ in ordinem confectæ. Itaque adversaria in*
» *judicium protulit nemo ; codicem protulit,*
» *tabulas recitavit* (1). »

Le Codex était rédigé en partie double. Dans l'une (*codex expensi*) se trouvaient consignées toutes les opérations qui constituaient le père de famille créancier ; dans l'autre (*codex accepti*) toutes celles qui le constituaient débiteur.

Toute inscription au Codex ne constituait pas un contrat *litteris;* certaines obligations étaient constatées, d'autres étaient créées par leur insertion au Codex.

Les Romains qui appelaient *nomina* toutes les créances (parce qu'elles contenaient le nom de celui qui avait prêté ou qui avait reçu) distinguaient: les *arcaria nomina* qui résultaient d'un *mutuum,* ne servaient pas à former, mais seulement à constater l'obligation (2).

Mais si les parties s'accordaient pour mentionner, en termes consacrés, qu'une somme avait été donnée et pesée (*pecunia expensa lata*) ou bien avait été pesée et reçue (*pecunia accepta relata*) bien que l'opération fût purement fictive, l'écriture engendrait l'obligation comme les paro-

(1) *Pro Roscio oratio,* 3, § 2.

(2) Gaïus, Com., III, § 132.

les dans la stipulation et donnait naissance au contrat *litteris* que les commentateurs ont appelé aussi *expensilatio;* mais les jurisconsultes Romains paraissent avoir préféré adopter l'expression *nomina transcriptitia.*

Quelques auteurs font dériver cette dénomination de *nomen transcriptitium,* de la transcription de la mention, du brouillon sur le Codex; mais alors que devient la distinction des *nomina transcriptitia a re in personam et a persona in personam,* si nettement établie par Gaïus? Nous croyons avec la majorité des auteurs que cette dénomination leur a été attribuée parce qu'ils servaient à transformer en obligation littérale une obligation qui préexistait entre les parties.

Pour faire valoir un *nomen arcarium,* il fallait agir, non pas en vertu d'une action spéciale naissant de l'écriture, mais de l'action de l'ancien contrat, de l'action, par exemple, du *mutuum,* s'il s'agissait d'un prêt de consommation, de l'action de vente, s'il s'agissait d'une vente. L'ancienne action subsistait avec tous ses caractères; ainsi, si le *nomen arcarium* constatait un contrat de bonne foi, le juge qui statuait avait à tenir compte des règles de l'équité pour rendre sa décision, tandis que dans le contrat littéral proprement dit, il y avait une action de droit strict, et l'on ne pouvait pas s'écarter des termes de la formule.

De même, l'action du contrat constaté sur le Codex peut être du droit des gens et alors appartenir à un pérégrin, ainsi en serait-il de l'action du *mutuum*, tandis qu'au contraire l'obligation littérale est essentiellement civile.

Nous allons examiner les deux cas dans lesquels il y avait formation du contrat *litteris* par les *nomina transcriptitia*. Malheureusement bien des points sont restés obscurs, faute de documents, cette forme du contrat *litteris* étant tombée en désuétude longtemps avant Justinien (1).

PREMIER CAS.

Transcriptio a re in personam.

« *A re in personam transcriptio fit veluti si id*
» *quod ex emptionis causa aut conductionis aut*
» *societatis mihi debeas, id expensum tibi tu-*
» *lero.* » (G., III, 129).

La transcription a lieu *a re in personam* lorsque les parties conviennent de transformer en une obligation littérale une obligation antérieure provenant d'un contrat soit réel, soit consensuel, soit verbal.

L'obligation primitive disparaîtra pour céder sa place à une obligation nouvelle ayant pour cause l'écriture. (Cic., de Off., 111, § 14).

Cette opération est complexe, car il s'agit non seulement de créer une obligation nouvelle, mais en même temps de dissoudre l'obligation anté-

_____

(1) Inst., liv. III, titre 21.

rieure. Il y a tout à la fois prêt fictif et paiement fictif; l'opération sera représentée sur le livre de caisse par une double inscription. A la colonne de l'*acceptum*, la somme due sera portée comme payée et versée dans la caisse; à l'*expensum*, comme prêtée et sortie de la caisse. Les deux inscriptions fausses et mensongères se corrigent l'une par l'autre, puisque la même somme étant à la fois au crédit et au débit, la balance n'en est pas dérangée.

Pour que l'opération soit complète de tout point, le débiteur devra, sur son registre à lui, faire deux mentions correspondantes, faire figurer la somme due à l'*expensum*, comme remboursée, à l'*acceptum* comme encaissée et reçue en prêt.

Mais le contrat *litteris* n'existe-t-il qu'à la condition d'être inscrit également sur les livres des deux contractants? Cette question a été vivement controversée.

Ceux qui exigent la mention sur le registre du débiteur lui-même se basent sur un texte de Gaïus, Com., III, § 137, dans lequel ce jurisconsulte compare le contrat *litteris* à la stipulation et les oppose en ces termes aux contrats consensuels :

« *Item in his contractibus alter alteri obligatur.*
» *Quum alioquin in verborum obligationibus*
» *alius stipuletur alius promittat et in nomini-*
» *bus, alius expensum ferendo obliget alius...*
» *obligetur.* »

Pour soutenir cette opinion, on admet que le mot effacé entre *alius* et *obligetur* doit être « *referendo,* » et on en conclut que de même que pour être obligé *verbis,* il faut que le promettant et le stipulant s'engagent séparément par paroles solennelles, de même pour être obligé *litteris,* il faut que le débiteur écrive sur son registre une mention correspondante à celle que le créancier a faite sur le sien.

Nous croyons, au contraire, que l'*expensilatio* sur le registre du créancier suffit à elle seule pour produire le contrat littéral, du moment où elle a été faite du consentement du débiteur.

Et d'abord, le mot *referendo,* introduit par les commentateurs dans le manuscrit de Gaïus, n'y est que par conjecture, celui qui se trouvait dans le manuscrit étant illisible.

Il existe dans tous les cas, entre la stipulation et le contrat *litteris,* des différences tellement saillantes, qu'on ne peut tirer un argument d'analogie du passage de Gaïus. Gaïus nous apprend lui-même que l'*expensilatio* peut avoir lieu entre absents.

Comment, dans cette hypothèse, vérifier si le débiteur a porté sur son Codex la mention *pecunia accepta?*

Nous pouvons encore faire remarquer que les pérégrins qui n'avaient pas de Codex, cette institution appartenant au droit civil, pouvaient avoir, par suite d'une *expensilatio,* des dettes, mais jamais de créances. Leur créancier pouvait, en

portant de leur consentement et à leur charge
une mention, les rendre ses débiteurs, sans qu'il
fût nécessaire de faire une *acceptilatio* correspondante. Si, au contraire, ils ne pouvaient jamais
devenir créanciers par contrat littéral, c'est que
n'ayant pas de Codex, ils ne pouvaient pas faire
d'*expensilatio,* élément essentiel de notre contrat.

A défaut d'arguments tirés des jurisconsultes,
les adversaires se sont adressés à la littérature et
ils invoquent un passage de Cicéron. (Plaidoyer
pour Roscius, III, § 1) : « *Quod si ille* (Fannius)
» *profert tabulas, proferet suas quoque Roscius,*
» *erit in illius tabulis hoc nomen at in hujus non*
» *erit. Cur potius illius quam hujus creditur?*
» *Scripsisset ille, si non jussu hujus expensum*
» *tulisset? Non scripsisset hic quod sibi expensum*
» *ferri jussisset? Nam quemadmodum turpe est*
» *scribere quod non debeatur, sic improbum est*
» *non referre quod debeas; æque enim tabulæ con-*
» *demnantur ejus qui verum non retulit, et ejus*
» *qui falsum perscripsit.* » Cicéron, disent-ils,
montre bien que la mention inscrite sur le registre du demandeur ne suffit pas pour faire naître
l'obligation.

A cela nous répondons : S'il avait admis l'opinion que nous combattons, Cicéron aurait dit :
Fannius a écrit cette somme comme due par
Roscius sur son Codex; Roscius n'a pas porté
Fannius comme créancier sur le sien, donc il n'y
a pas de contrat; or, la production des deux
registres n'a pour but dans le texte que de vider

une question de preuve et tout ce que Cicéron
s'efforce de démontrer, c'est que l'inscription ne
vaut rien comme n'ayant pas été faite du consentement de Roscius.

En résumé, le contrat *litteris* se forme par la
seule inscription sur le registre du créancier.

Mais le premier venu pourra-t-il, en produisant
son registre, me forcer à payer la somme qui y
est portée, comme m'ayant été *expensa* ? Non,
évidemment, car rien ne prouve qu'elle a été faite
de mon consentement, c'est là ce que veut dire
le passage déjà cité du *pro Roscio*.

Le plus souvent, la preuve la plus naturelle et
la plus décisive sera celle tirée du Codex du débiteur lui-même, si, comme la bonne foi et l'honneur lui en font un devoir, il a eu soin de *referre l'acceptum*. S'il ne l'a pas fait, on recourra à
tous les modes de preuve.

Pour parer à cet inconvénient, on faisait le
plus souvent intervenir des témoins « *pararii* »
qui pouvaient au besoin attester la formation du
contrat (1). Sénèque, Valère-Maxime, Visellius,
Varron et beaucoup d'autres auteurs donnent de
nombreux exemples de cette coutume.

---

(1) Sénèque, de Beneficiis, lib. 3, § 15.

DEUXIÈME CAS.

Transcriptio a persona in personam.

« *A persona in personam transcriptio fit, ve-*
» *luti si id quod mihi Titius debet tibi id expensum*
» *tulero, id est, si Titius te delegaverit mihi* (1). »

Il y a *transcriptio a persona in personam,* nous
dit Gaïus, si, par exemple, étant créancier de
Titius pour une certaine somme, j'inscris cette
somme sur mon livre comme vous l'ayant prêtée,
en d'autres termes, si vous m'êtes délégué par
Titius.

Ici encore, nous trouvons la double fiction du
paiement et du prêt; seulement, au lieu que ce
soit l'obligation qui change de face, un nouveau
débiteur s'oblige, tandis que l'ancien se libère.

Le créancier devra donc, pour exprimer cette
double fiction au livre de caisse, porter à la colonne de *l'acceptum* la somme comme payée par
le premier débiteur, puis l'inscrire à *l'expensum*
comme prêtée au délégué. Le déléguant et le
délégué auront à faire sur leurs livres les mentions correspondantes.

Le contrat *litteris* consiste donc dans le remplacement d'une obligation par une autre, peu
importe que l'obligation antérieure soit valable

(1) Gaïus, Com , III, § 130.

ou nulle, réelle ou supposée; du moment qu'elle figure dans la formule, cela suffit. L'obligation ne serait plus *litteris facta,* comme le dit Gaïus, si elle n'avait pas sa cause, son principe générateur dans la formule elle-même. Il en fut du moins ainsi jusqu'à l'époque où le préteur vint adoucir le rigorisme du droit civil par les exceptions qu'il accorda aux défendeurs qui étaient l'objet d'une prétention contraire à l'équité ou à la bonne foi. Sous le bénéfice de cette observation, nous pouvons dire que si, dans notre contrat, il n'y avait pas à s'occuper d'une obligation préalable à celle qu'on créait, on doit décider qu'il importait peu, pour la validité du contrat, que cette obligation existât ou non.

Puisque c'est un contrat solennel, ayant une formule consacrée, il faut que cette formule contienne le double élément du contrat. D'où la nécessité absolue de la double inscription. Sinon, quelle différence y aurait-t-il entre le *nomen transcriptitium* et le *nomen arcarium* qui suppose un déboursé effectif, une perte pour la caisse qui ne peut figurer sur le Codex qu'à la colonne de l'*expensum.*

Aussi les jurisconsultes romains, si exacts dans leur langage, avaient eu soin de les distinguer par ces dénominations caractéristiques: *nomina arcaria, nomina transcriptitia.* L'expression *transcriptio* s'explique aisément: l'ancienne créance qui était remplacée par une nouvelle, devait être préalablement éteinte, et elle l'était par la mention effectuée sur le registre d'un paiement fictif; l'*expensilatio* était donc toujours précédée d'une *acceptilatio*, et la somme figurant dans cette *acceptilatio* était reportée dans l'*expensilatio*.

Mais alors le contrat *litteris* constituerait donc une véritable novation ?

Nous ne le pensons pas, bien que la doctrine contraire ait été soutenue par beaucoup de commentateurs. Exposons d'abord la théorie que nous combattons.

On a dit: Pourquoi l'*expensilatio*, si voisine par ses effets de la *stipulatio*, n'aurait-elle pas comme celle-ci la vertu de nover les créances.

Prenons les deux cas de *transcriptiones* décrits par Gaïus.

La *transcriptio a re in personam* n'est pas autre chose qu'une novation par changement de contrat.

La *transcriptio a persona in personam*, c'est la novation par changement de personne.

La paraphrase de Théophile indique surabondamment qu'il résultait du contrat *litteris* une novation: « *Prior obligatio extinguebatur nova autem, id est litterarum nascebatur* (1). »

On ajoute le témoignage de Cicéron rapportant le tour joué par Pythius au chevalier Canius: « *Emit homo cupidus et locuples, tanti quanti* » *Pythius voluit, et emit instructos, nomina facit,* » *negotia conficit* (2). »

(1) Traduction de Reitz.

(2) De Offic., liv. III, n° 14.

Il s'agit là d'une obligation née de la vente, novée en obligation littérale.

Nous repoussons ce système par les considérations suivantes :

1° Tous les textes qui traitent de la novation la font dériver d'une obligation contractée *verbis*.

« *Quodcumque enim sive verbis contractum* » *sive non verbis novari potest et transire in ver-* » *borum obligationem.* » (L. 2, D., *de novat.*).

Gaïus lui-même, quand il parle de notre contrat, semble éviter d'employer le mot novation. On peut tout au moins présumer de ce silence que le contrat *litteris* ne devait pas être une forme de novation.

D'ailleurs, en Droit romain, pour qu'il y ait novation, il faut qu'il y ait extinction d'une obligation, puis création d'une obligation entièrement nouvelle, *translatio et transfusio debiti.* (L. 1, § 1, D., *de novat.*, 46, 2).

Jamais les jurisconsultes romains n'ont considéré comme une novation la conversion d'un dépôt de deniers en prêt, le changement d'une vente en un louage ; car dans les deux cas, il y a deux actes bien distincts et indépendants l'un de l'autre ; sans doute, le contrat repose sur des fictions de paiement et de prêt, mais nous avons vu que ce n'était que pour la forme, il n'y a de réel que les inscriptions sur le Codex. Donc pas de novation.

On objectera peut-être, en ce qui concerne la *transcriptio a persona in personam*, que là on trouve tout au moins la délégation, c'est-à-dire une novation d'une espèce particulière.

A cela nous répondons que la délégation peut se concevoir, abstraction faite de l'idée de novation.

Il y a délégation, en effet, suivant le langage des jurisconsultes romains, toutes les fois que dans une obligation un nouveau titulaire (créancier ou débiteur) prend la place de l'ancien.

Cela se rencontre dans la novation proprement dite et dans la *litis contestatio ;* c'est qu'alors le nouveau créancier est l'ayant-cause de l'ancien.

Dans la *transcriptio*, il ne tient ses droits que de lui-même, puisqu'il est censé avoir prêté, et l'ancien n'a rien pu lui transmettre puisqu'il est censé payé; sans doute, dans un sens large, il y a transport, comme chez nous, dans l'endossement des lettres de change, on dit qu'il y a transport, mais il n'en est pas de même *stricto sensu*.

Faisons une dernière remarque.

Quand le vendeur stipule de l'acheteur, il peut vouloir ne pas renoncer à l'action *venditi*, et avoir deux actions au lieu d'une. De même, en stipulant de Titius ce que Seius me doit, je puis vouloir acquérir deux débiteurs au lieu d'un, l'extinction de la première obligation dépend donc dans une certaine mesure des parties et suppose l'*animus novandi*. Dans la *transcriptio*, au contraire, il y a toujours extinction de l'ancienne créance; car toute inscription implique un paiement, donc celle-ci ne peut jamais être une garantie accessoire, une simple *cautio;* le cautionnement ne peut se faire *litteris.*

De tout ce qui précède, résulte pour nous la preuve que la forme du contrat *litteris* était très simple et très commode, puisqu'une double inscription, faite par le créancier sur son registre du consentement du débiteur, suffisait.

Il présentait cet avantage de pouvoir se former entre absents, tandis que la *stipulatio* ne pouvait se faire qu'entre présents. Comme elle, il est un contrat solennel, unilatéral, de droit strict et sanctionné par la *condictio.*

Il y a toutefois des différences entre ces deux contrats :

1° L'*expensilatio* peut avoir lieu entre absents, la *stipulatio* n'a jamais lieu qu'entre présents;

2° La stipulation engendre tantôt une *condictio certi,* tantôt une *condictio incerti;* au contraire, l'*expensilatio* n'engendre jamais que la *condictio certi;* c'est qu'elle a toujours été restreinte aux obligations de quantités certaines, de sommes d'argent, dans les règles précises de ce *mutuum* primitif, dans lequel le métal était mesuré par *æs et libram,* et dont elle n'est qu'une supposition sacramentelle;

3° La stipulation comporte toute modalité, l'expensilation n'en peut comporter aucune formellement exprimée.

M. Bufnoir (1) a prouvé que cette prohibition

(1) *Traité de la Condition,* p. 105 et suiv.

tenait au fond même des choses et dérivait logiquement soit des formes, soit de la nature de notre contrat. L'*expensilatio* et l'*acceptilatio* sont les fictions d'un paiement reçu d'une part et effectué de l'autre.

Comment comprendre qu'on puisse subordonner à une condition la déclaration d'un fait accompli ?

4° Tandis que la stipulation devint accessible aux pérégrins, le contrat *litteris* resta toujours du *jus civile,* les premiers Romains ayant attaché au Codex une sorte de caractère religieux, qui en interdisait l'usage aux pérégrins.

Ceux-ci recoururent à une autre forme pour s'obliger *litteris.*

Le débiteur rédigeait un écrit qu'il signait et scellait, puis il le remettait au créancier qui le conservait, comme l'acte constitutif de sa créance, c'était le *chirographum.* Parfois, on le rédigeait en double, et chaque contractant en recevait un exemplaire revêtu de la signature de toutes les parties, c'était la *syngrapha.* « *Chirographa ab* » *unâ parte servari solent, syngraphæ signatæ* » *utriusque manu utrique parti servandæ tra-* » *duntur* (1). »

Les *syngraphæ* ont une apparence plus antique que les *chirographa,* puisque les comédies de Plaute, qui remontent aux années 210 et suivantes avant J.-C., en font déjà mention. Mais aussi ils

____

(1) *Pseudo-Asconius,* ad Cic. in verr., act. 2, lib. 1, § 36.

furent les premiers à disparaître ; à l'époque de Justinien, il n'est plus question que des *chiro-grapha*. Le *chirographum* est fréquemment mentionné dans les textes. On y voit que son contexte devait relater le nom des parties contractantes, l'objet du contrat, ses clauses et conditions *leges,* leur interprétation nette et précise, *vide, plane, probe,* le rejet des dispositions équivoques, afin d'éviter les dangers d'interprétation *captiones,* en un mot, tout ce qui constituerait aujourd'hui la meilleure rédaction possible (1).

Les Romains, après la disparition du Codex, y trouvèrent un nouveau moyen de preuve par écrit. A ce point de vue, on peut le considérer comme synonyme de *cautio*. Le mot « *cautio* » désigne toute sûreté, toute garantie accordée par une personne à une autre. Plus spécialement en matière de preuve, on l'applique aux reconnaissances écrites de dettes et à tous les *instrumenta* ayant pour objet de procurer une preuve.

Les Romains, en adoptant le *chirographum,* en ont-ils fait un acte obligatoire ? Les Institutes semblent le prouver.

Justinien parlant de notre contrat s'exprime ainsi :

« *Olim scripturâ fiebat obligatio quæ nomini-* » *bus fieri dicebatur ; quæ nomina hodie non sunt* » *in usu.* »

(1) Plaute, *Asinaire,* acte IV, scène I.

Et pourtant ce prince parle encore de l'obligation qui se contracte *litteris*.

« *Plane si quis debere se scripserit quod ei*
» *numeratum non est, de pecunia minime nume-*
» *rata post multum temporis exceptionem oppo-*
» *nere non potest : hoc enim sæpissime constitu-*
» *tum est, sic fit ut et hodie, dum queri non potest,*
» *scripturâ obligetur* (1).

Partant de là, certains auteurs ont prétendu que le contrat *litteris* existait encore du temps de Justinien, qu'il avait seulement changé de forme; un passage de Gaïus semble corroborer cette opinion :

« *Præterea litterarum obligatio fieri videtur*
» *chirographis et syngraphis, id est si quis debere*
» *se aut daturum se scribat, ita scilicet si eo no-*
» *mine stipulatio non fiat, quod genus obligatio-*
» *nis proprium peregrinorum est.* »

Nous ne pouvons nous résoudre à admettre ce système. A l'origine et toujours, les *chirographa* et les *syngraphæ* ont été considérés, non comme un véritable contrat, mais comme de simples moyens de preuve.

C'était une institution grecque qui avait été admise par le Droit romain; or, à l'inverse du Droit romain primitif, le Droit grec n'était pas formaliste, et les contrats, sauf rare exception, étaient consensuels.

(1) Inst., III, 21, *de litter. oblig.*

L'écrit ne pouvait y être, comme de nos jours, qu'un simple moyen de preuve.

Le texte de Gaïus ne saurait nous arrêter long-temps ; outre que la forme du texte est un peu dubitative *(fieri videtur)*, il est difficile d'admettre que Gaïus aurait confondu un écrit obligatoire avec un simple instrument de preuve, lui, le jurisconsulte exact, qui sépare si nettement les *arcaria nomina*, simple constatation d'un prêt antérieur, d'avec les *nomina transcriptitia*, créateurs d'une obligation ; ce qu'il a seulement voulu faire, c'est une comparaison entre le Codex des citoyens Romains et le contrat des pérégrins qui s'en rapprochait le plus, la *syngrapha*. Il est donc tout naturel qu'il la représente comme tenant lieu de stipulation ou de transcription, d'autant plus qu'en pratique elle sera tout aussi efficace entre les mains d'un pérégrin, que le serait un *Codex accepti et depensi* entre les mains d'un citoyen Romain. L'analogie est incontestable, si l'on juge d'après les apparences, et Gaïus ne dit pas autre chose.

Un seul texte semble détruire cet ensemble de preuves, c'est le texte de Justinien précité, le parag. 21 *de litter. oblig.* L'hypothèse prévue par lui est la suivante : un homme a eu l'imprudence de reconnaître par écrit un prêt d'argent qui, en réalité, ne lui a pas été fait ; s'il est actionné en justice, il opposera l'exception *non numeratæ pecuniæ* et il triomphera. Mais s'il a laissé passer un certain délai, *post multum temporis,* il ne le pourra plus et il sera légalement présumé avoir reçu. L'expiration du délai pendant lequel pourra être opposée l'exception a simplement pour effet de rendre à l'obligation toute sa force primitive ; le *mutuum* n'a pas pu cependant se former, les espèces n'ayant pas été comptées, or, en l'absence d'un *mutuum* et d'une stipulation, cette obligation sanctionnée par la *conditio* ne peut, au dire de Justinien, être produite que par l'écriture, et ce serait un dernier vestige de l'antique contrat tombé en désuétude.

En fait, l'écrit et le silence prolongé du débiteur, qui est comme un second aveu qui vient s'ajouter à celui qui résultait de l'écrit se confirmant l'un l'autre, fournissent une preuve irréfragable ; le prêt est présumé en droit, alors qu'il n'existerait pas en fait ; toute la force du *chirographum* n'est donc qu'une force probante.

Si Justinien s'est servi de cette expression, *scripturâ obligetur,* c'est qu'il voulait faire un simple rapprochement théorique de l'effet qui se produit après l'expiration du délai avec l'effet de l'ancien contrat *litteris.*

D'autant plus qu'on connaissait très peu de son temps l'ancien contrat.

N'oublions pas que la révolution était déjà faite dans la jurisprudence et que le vieux formalisme avait cédé la place au système plus rationnel du consentement comme source génératrice des contrats.

Nous en avons fini avec le contrat *litteris*. De nombreux passages de Cicéron attestent que jusqu'à la fin de la République, l'*expensilatio* était d'un usage universel. Comment une forme de contrat si utile et si usitée est-elle si rapidement tombée en désuétude? Le scoliaste de Cicéron rapporte que dans les procès criminels on interrogeait le Codex de l'accusé pour y trouver contre lui des preuves fournies par lui-même (*Pseudo-Asconius, In verr.*, II⁰ act., 1, 23). Ce livre domestique, confident des actes honteux comme des actes honnêtes, pouvait donc devenir un témoin compromettant, et voilà pourquoi les Romains auraient cessé de le rédiger. Cette explication contient peut-être une parcelle de vérité, surtout si on se reporte à cette époque où la tenue des registres domestiques fut abandonnée aux mains mercenaires des intendants ou des esclaves aussi peu scrupuleux pour abuser de la confiance de leurs maîtres que pour tromper les tiers; mais, pour qu'elle fût suffisante, il faudrait supposer, contre toute vraisemblance, qu'il y eût un jour où les honnêtes gens, dans le sens le plus vulgaire du mot, devinrent l'exception à Rome.

Voici donc ce que j'admettrais bien plus volontiers: Etant donné deux ou plusieurs personnes qui sont en rapport d'affaires les unes avec les autres, l'usage du Codex n'a toute son utilité qu'autant qu'il est pratiqué par chacune d'elles; car alors leurs livres se contrôlent réciproquement. Quand donc, par l'effet de ses nombreuses conquêtes, Rome compta plus de sujets pérégrins que de citoyens, les rapports des uns avec les autres se multipliant tous les jours, la minorité perdit ses habitudes propres et adopta celles de la majorité (1); ce qui, sous la République, se faisait par une *transcriptio* solennelle, se fit sous l'Empire par simple consentement, par un simple pacte. Les deux espèces de *constitut* que distinguent les lois du *Digeste* (*Constitutum debiti proprii, constitutum debiti alieni*), correspondent aux deux espèces de *transcriptio* que distinguait Gaïus (*Transcriptio a re, transcriptio a personâ*).

La jurisprudence ne s'en tint pas là, elle finit par attribuer à la simple convention exactement les mêmes effets que la *transcriptio* aurait produits (L. 15, D., *de reb. cred.*, XII, 1). Le formalisme avait fini son temps et il n'était plus besoin de recourir aux fictions pour produire le droit.

II. — ARGENTARIORUM CODICES.

A Rome, les banquiers jouaient un grand rôle dans les transactions privées, ils formaient un corps approuvé dans l'Etat et exerçaient des fonctions vraiment publiques, ainsi qu'on peut le voir dans une foule de textes. Leur bureau se tenait sur la place publique, dans une maison

(1) Accarias, II, p. 387.

appartenant au fisc, et il était ouvert à tout le monde.

Peu à peu ils acquirent la plus grande confiance, ils s'occupaient de tout ce qui avait trait au change et au commerce des espèces; ils servaient d'intermédiaires pour les placements et les emprunts; ils prêtaient eux-mêmes ou prenaient de l'argent à intérêt; les gens riches leur remettaient leur numéraire en dépôt ou pour le faire valoir; comme leur grande habitude du calcul les y avait rendus très habiles et qu'ils connaissaient parfaitement la bonté des espèces, il était rare que l'on fît un paiement ou une affaire d'importance sans les y appeler; on les employait enfin dans toute espèce de négociations, d'achats, de ventes, d'échanges et ils devinrent bientôt les courtiers, les cautions, les créanciers ou les débiteurs de presque tous les citoyens.

En raison de leurs nombreuses opérations, les changeurs (*nummularii*) et les banquiers (*argentarii*) prirent de bonne heure l'habitude de tenir des registres; nous en trouvons la preuve dans Plaute et dans Térence (1).

Ces *Codices* contenaient non-seulement les contrats formés entre eux et les tiers, *litteris* ou autrement, mais encore des actes qui n'avaient aucun rapport avec le contrat *litteris* et qui

(1) Plaute, *Trucul.*, act. I, sc. V. — Terent., *Phorm.*, act. V, sc. VIII.

concernaient toutes leurs relations pécuniaires avec leurs clients, courtages, commissions, etc.

Ces registres produits en justice pouvaient servir de preuve pour les tiers.

Les textes parlent encore de *Tabulæ auctionariæ* (de *auctio, ancan*) que les *argentarii* devaient encore tenir pour constater les ventes dans lesquelles ils procédaient par adjudication publique et où ils jouaient un rôle analogue à celui de nos commissaires-priseurs actuels. Aux termes de l'édit du préteur, les banquiers devaient à toute réquisition présenter leur registre et remettre à chacun le double du compte qui le concernait (1). Ainsi cette représentation avait lieu même dans les causes où les banquiers n'étaient pas personnellement intéressés ; car, dit Gaïus, le ministère des banquiers étant public, leur devoir leur commandait de tenir scrupuleusement écriture de toute opération que, dans la sphère de leurs attributions, ils étaient appelés à faire ou à certiorer. Toutefois, afin de garantir les banquiers contre des vexations inutiles ou des recherches indiscrètes, ceux qui demandaient la représentation d'un registre devaient commencer par prêter le serment de *calumniâ*.

Lorsqu'un banquier refusait pour de mauvaises raisons de représenter ses livres, il était tenu de réparer le préjudice causé par son refus (2).

---

(1) Dig., lib. II, tit. XIII, l. 1, nº 1, *eod. tit.*, lex V, nº 7.

(2) *Eod. tit.*, lex VII, nº 1. — Comp. : art. 17 Code de com.

III. — RATIONES PUPILLARES.

A Rome, où la tutelle était une charge publique, on se montrait très sévère à l'égard des tuteurs; aussi ceux-ci apportaient-ils autant et plus de soin à l'administration des biens de leurs pupilles qu'à la gestion de leurs propres affaires; on appelle *rationes pupillares* les comptes qu'ils devaient tenir à cet effet.

Ils avaient beaucoup de ressemblance avec le *Codex accepti et depensi* des citoyens.

Ils débutaient par l'inventaire exact et fidèle des biens qui leur étaient commis, inventaire dressé solennellement en présence de personnes publiques, *sub præsentia publicarum personarum* (L. 24, *Cod. de adm. tut.*) ; faute par eux de satisfaire à cette première obligation, existait à leur charge une présomption de dol. (L. 7, D., *de adm. et pericul. tut. et curat.*).

IV. — APOCHA. — ANTAPOCHA.

L'*apocha* est une quittance, un écrit par lequel le créancier reconnaît avoir reçu de son débiteur tout ou partie de ce qui lui était dû.

L'*antapocha,* mot à mot contre-quittance, est l'écrit par lequel le débiteur reconnaît qu'il lui a été donné quittance par le créancier; quelquefois on donne ce nom à un double de la quittance que le débiteur a contresigné et que le créancier garde par devers lui.

L'*antapocha* moins fréquente, cela se comprend, que l'*apocha*, pouvait dans certains cas présenter pour le créancier une incontestable utilité.

Prenons deux exemples :

Le colon peut, à un moment donné, changer le titre de sa possession, se dire propriétaire et refuser de reconnaître désormais le véritable *dominus*.

Celui-ci se verra obligé de faire la preuve de son droit et, s'il n'y peut parvenir, le possesseur sera maintenu en possession. Or la preuve sera souvent difficile : en se faisant délivrer à chaque redevance une *antapocha* par le colon, le *dominus* conservait la preuve de la possession précaire de ce colon, pour le cas où son titre de propriétaire viendrait à lui être contesté.

Autre exemple : Titius doit à Seius un capital productif d'intérêts. Pendant trente ans, il a toujours payé régulièrement les intérêts; au bout de ce temps, il refuse et le capital et les intérêts, et oppose la prescription.

Si le créancier n'a fait que délivrer à son débiteur une simple quittance au moment du paiement des intérêts, cette quittance ne lui sera d'aucune utilité, car elles sont toutes restées ès-mains du débiteur qui se gardera bien de les montrer. S'il a eu la précaution de se faire délivrer l'*antapocha,* il ne lui sera pas difficile de prouver que le paiement des intérêts a interrompu la prescription.

Section II.

FORME DES ACTES PRIVÉS.

————

Les actes privés étaient rédigés et écrits soit par les parties contractantes, soit par des tiers.

Nous trouvons dans les textes que les actes les plus solennels, tels que les donations et les testaments, pouvaient être rédigés par des tiers (1).

Mais, dans tous les cas, ils devaient être revêtus de la signature des parties. « *Scripturas,* dit la » loi 11, au Code, liv. 8, tit. 18, *quæ sæpe assolent* » *a quibusdam secrete fieri, intervenientibus* » *amicis necne..., sive tota series eorum manu* » *contrahentium, vel notarii vel alterius cujus-* » *libet scripta fuerit, ipsorum tamen habeant* » *subscriptiones, sive testibus adhibitis, sive non.* »

L'indication du lieu où l'écrit avait été passé, la date de sa confection n'étaient pas indispensables à la validité de l'écrit; la date peut cependant avoir une grande importance, dans certains cas, par exemple pour régler la préférence entre les créanciers dont l'ordre est déterminé

(1) Suét., *Vit. Aug.*, n° CI.—Cod., lib. VI, tit. XXIII, l. 24.

par la règle « *prior tempore, potior jure.* » Aussi l'empereur Léon décide-t-il que les actes publics passeront en principe avant les actes privés, même antérieurs, à moins que ceux-ci ne portent les signatures de trois témoins, au moins jouissant d'une bonne réputation, auquel cas, leur valeur sera la même que celle des actes publics.

De bonne heure, on prit l'habitude de faire intervenir des témoins qui, au besoin, pouvaient être appelés pour attester les énonciations des actes, la date et la signature. Justinien, dans la *novelle*, 73, ch. VIII, pose cette règle que l'illettré qui voudra contracter devra appeler cinq témoins et faire écrire l'acte par l'un d'eux : les autres devront attester que l'acte a été fait en leur présence et qu'ils connaissaient l'illettré.

Dans cette même *novelle,* dans le chapitre premier, Justinien indique au déposant le moyen de déposer en toute sûreté : c'est de ne pas se contenter de la seule écriture du dépositaire, mais d'appeler des témoins autant que possible honnêtes, dignes de foi et au nombre de trois, afin de ne pas s'en rapporter à l'écriture seule et pour que les juges aient le secours des témoins.

Dans le chapitre second, il dispose de la même façon à l'égard du *mutuum* en particulier et de tout autre contrat en général auquel les parties veulent donner un certain caractère d'authenticité, sans toutefois avoir recours au ministère d'un tabellion.

Si les parties négligent de le faire, un tel écrit

sera dénué de toute force probante et le créancier n'aura plus que la ressource (*novissimum subsidium*) de déférer le serment au débiteur.

Si l'objet du billet ne dépasse pas une livre d'or‘ il faudra à la campagne deux témoins, en ville trois; si le contrat a lieu entre personnes ne sachant pas écrire, cinq témoins seront nécessaires.

Si les témoins ne savaient ou ne pouvaient signer les actes auxquels ils avaient été appelés à concourir, on inscrivait leur nom et au besoin ils attestaient verbalement que l'acte avait été dressé en leur présence.

Cette mesure fut prise par suite de nombreux procès en vérification d'écritures qui avaient eu lieu, et Justinien la justifiait en disant: « *Ut non » in sola scriptura et ejus examinatione penda- » mus, sed sit judicantibus etiam testium sola- » tium.* »

Au reste, voici, telles qu'elles résultent de l'ensemble des textes, les règles générales concernant les témoins des actes. Homme libre et pubère, le témoin ne doit pas être de condition infime, ni prodigue, ni interdit, ni fou, ni muet, ni sourd, ni *intestabilis,* c'est-à-dire condamné pour concussion, diffamation, adultère, déni de signature, en général, pour un fait entraînant infamie. Il est nécessaire encore qu'il ne soit point intéressé, ni soumis à la puissance d'une personne intéressée à l'affaire dans laquelle il est appelé à témoigner; le légataire peut toutefois être témoin du testament. Pas n'est besoin, d'ailleurs, que les témoins soient étrangers les uns aux autres ; leur capacité est considérée au moment de l'acte et on applique l'adage : « *error communis facit jus.* »

On trouve dans les textes l'expression : « *Instrumenta quasi publice confecta,* » c'est le nom que certains auteurs appliquaient aux actes privés lorsqu'ils avaient été passés devant des témoins dont la présence consignée dans l'acte était prouvée péremptoirement par l'apposition de leurs sceaux.

Ce nom leur aurait été donné en souvenir du principe d'après lequel les témoins étaient la représentation du peuple devant lequel se passaient les contrats dans les premiers âges de Rome.

Cette explication, qui n'est pas absolument dénuée de vérité, ne nous paraît pas suffisante pour justifier cette expression qui ne nous semble pas juridique et bien qu'elle soit employée par Justinien dans la loi II, § I, Code 8, 18, nous nous en tenons à la division des actes que nous avons donnée, privés, *forenses* et publics.

FORMES SPÉCIALES A CERTAINS ACTES PRIVÉS

Contrats de mariage.

Lorsqu'on voulait contracter un mariage solennel, on commençait par examiner si celui et
celle que l'on voulait marier jouissaient de leurs
droits ou s'ils étaient soumis à la puissance de
quelqu'un; on s'enquérait au sujet de la famille,
du rang, des biens, et lorsque tout se trouvait
conforme aux vœux et aux intentions des deux
familles, il y avait *spes nuptiarum* ou *speratæ
nuptiæ :* la jeune fille prenait le nom de *sperata
puella*.

Ces conventions préliminaires étaient faites
par l'entremise d'officiers appelés proxénètes.

Ces officiers étaient chargés de faire dresser le
contrat et de faire affirmer aux contractants
qu'ils se mariaient pour avoir des enfants (1).

• Les conventions relatives à la dot se faisaient
devant eux; elles étaient de trois sortes :

Ou bien, on convenait seulement de la dot;

Ou bien, on la promettait;

Ou bien, on la donnait.

(1) Terrasson, *Histoire de la Jurisprudence romaine,*
p. 46. On sait combien la législation romaine favorisait la
fécondité des mariages.

Lorsque l'un convenait seulement de donner une dot sans en fixer l'importance, cela s'appelait *dicere dotem*, fixer la dot; avec promesse de la donner, c'était *promittere dotem*.

Enfin on disait : *dare dotem,* lorsque l'on donnait la dot, avec tradition actuelle.

Souvent les mariages étaient précédés de donations que l'on nommait : *ante nuptiales donationes,* parce que, primitivement, on ne pouvait les faire qu'avant le mariage.

C'était en présence des proxénètes que l'on faisait ces donations.

Lorsque toutes ces conventions étaient faites et les articles dressés, la future épouse prenait le titre de *sponsa* ou *pacta puella.*

Alors on procédait aux fiançailles et aux autres cérémonies dont nous n'avons pas à parler ici.

Quant au contrat lui-même, nous n'en avons pas la formule, mais nous pensons qu'il avait lieu suivant les formes usitées pour les autres conventions et en outre avec le concours des proxénètes et des dix témoins dont la présence était nécessaire pour la validation du mariage.

Quand il s'agissait d'un mariage entre patriciens, les tablettes étaient déposées au *Tabularium* du peuple, et une copie au *Tablinum* (archives) de la maison.

Divorce.

Comme le divorce est la dissolution du mariage, il se faisait avec des cérémonies directement inverses. Si les époux avaient été unis par *confarreatio*, il fallait se soumettre à une autre cérémonie qui annulait tous les effets de la première, c'était la *diffareatio*. Si le mariage avait eu lieu, par *coemptio*, il se faisait par une vente ou plutôt par un rachat, appelé rémancipation, par opposition à la vente symbolique faite au mari.

A l'égard de la procédure, il fut ordonné par la loi des XII Tables que l'on commencerait par une espèce d'exploit indiquant les motifs de plainte, cela s'appelait donner un acte de divorce : *mittere libellum repudii.* Les Romains semblent avoir suivi en ce point la jurisprudence des Juifs, car, dans le chap. II, nomb. 3 de l'Exode, se trouve une loi de Moïse ordonnant que celui qui répudiera sa femme lui donne acte de divorce. C'est sur cet exploit que les magistrats romains décidaient.

Le divorce était déclaré par le préteur en présence des époux et de sept citoyens pubères. Un serviteur portait les tablettes contenant l'acte de mariage et les brisait publiquement. (Tacite, *Annales* XI, 30.)

Constitution d'hypothèque.

La constitution d'une hypothèque par convention n'était assujettie à aucune forme particulière. Si un contrat était rédigé, peu importait dans quelle forme il l'était.

L'intention pouvait même s'induire de certains actes, mais les choses dont l'aliénation ne pouvait se faire sans l'observation de certaines formalités ne pouvaient être hypothéquées qu'avec les mêmes formalités.

Les Romains n'ont pas connu l'existence de registres hypothécaires qui ont chez nous un rôle si important au point de vue du crédit. La loi romaine n'a jamais exigé non plus, pour les constitutions d'hypothèque, qu'il en fût passé acte devant certains officiers spéciaux destinés à leur donner l'authenticité. Le dépôt aux archives des actes emportant hypothèque, qui eût pallié tout ce que le caractère occulte des hypothèques avait de périlleux, ne fut jamais rendu obligatoire. On se montra plus sévère pour les donations.

Donations.

Au commencement, elles n'étaient soumises à aucune formalité. Elles ne conféraient de droit que par la tradition ou la stipulation.

Dès le règne de Constantin, on exigea, pour leur validité, des solennités destinées à avertir les tiers, surtout s'il s'agissait de donations d'une certaine importance.

Les empereurs décrétèrent qu'elles seraient consignées par écrit et que cet écrit serait rendu public par une insertion aux archives. Justinien n'exigea plus l'insinuation que pour les donations excédant 500 solides (*infra*).

Testament.

Nous n'avons pas à nous occuper ici des testaments *in calatis comitiis et in procinctu*, pas plus que du testament *per æs et libram,* qui était plutôt une vente, et du testament nuncupatif qui était verbal.

Seuls les testaments prétorien et tripartit présentent un intérêt au point de vue de notre étude.

Dans le testament prétorien, la mancipation n'était plus exigée, non plus que la nuncupation, mais le testament devait être écrit et revêtu du cachet de sept témoins; le nombre des témoins ne pouvait être inférieur à sept, mais il n'était pas défendu d'en appeler davantage, si on le jugeait convenable.

Pour être témoin, il fallait être majeur, citoyen romain. Les femmes, les enfants, les esclaves et ceux qui étaient sous l'autorité du testateur ne pouvaient être témoins.

Les témoins signaient en apposant sur la ta-
blette l'empreinte de leur anneau ou de l'anneau
d'une autre personne.

Très souvent, les cachets étaient apposés sur
les bandelettes qui enveloppaient le testament.

En principe, le testament devait être écrit de
la main du testateur, mais si ce dernier ne pouvait ou ne savait écrire, il avait le droit de dicter
ses dernières volontés.

Suivant Lucius Titius, les jurisconsultes étaient
souvent chargés de la rédaction des testaments.

On pouvait également confier ce soin à des
écrivains publics que l'on appelait *testamentarii*.

Les testaments étaient déposés soit dans les
édifices sacrés, près des autels, à la garde des
vestales ou des prêtres, soit entre les mains d'un
tabularius ou d'un ami.

Après la mort du testateur, il était procédé à
l'ouverture du testament. Les tablettes étaient
apportées closes entre les mains du préteur.
Celui-ci invitait les témoins à venir reconnaître
leur signature. S'ils étaient absents et qu'il fût
urgent d'ouvrir le testament, le magistrat procédait à cette ouverture, en présence d'hommes
honorables qui le signaient. Après que descrip-
tion en avait été faite, il était envoyé ensuite là
où se trouvaient les témoins pour leur faire reconnaître leur signature.

Les signatures reconnues, les liens brisés, le
testament était lu, décrit et revêtu du sceau pu-

blic, puis remis entre les mains de l'héritier ou déposé aux archives sacrées.

Les empereurs, en vue d'éviter des fraudes, instituèrent une nouvelle forme de testament : le testament tripartit, ainsi appelé parce qu'il était emprunté au Droit civil, au Droit prétorien et au Droit impérial.

Il fallait :

1° Que les testaments fussent écrits en une seule fois et de la même main ;

2° Que les sept témoins missent au bas du testament leur souscription et leurs signatures ou cachets ;

3° Que le testament fût souscrit par le testateur ;

4° Que le nom de l'héritier institué fût écrit de la main du testateur ou de l'un des témoins.

Si le testateur voulait faire un testament secret, quelque chose comme notre testament mystique actuel, il le présentait à sept témoins, cacheté et lié ou seulement clos, à l'exception de la fin de l'écriture, il déclarait que c'était son testament, puis, à la suite de l'écriture, il apposait sa signature, les témoins la leur et leur cachet ensuite.

Si le testateur ne pouvait écrire, on appelait un huitième témoin.

Le testament militaire n'était assujetti à aucune forme, et l'intention du *de cujus* pouvait être exprimée de toute manière.

Il lui suffisait de désigner, en présence de

quelques soldats, le nom de l'héritier qu'il se voulait choisir.

Il pouvait même se contenter de tracer le nom de cet héritier sur le sable, ou de l'écrire avec son sang sur le fourreau de son épée ; un tel testament était valable même un an après sa confection.

Justinien voulut qu'il n'y eût qu'à la dernière extrémité et pendant le combat que l'on pût s'exempter des formalités ordinaires.

La forme olographe n'était appliquée aux testaments ni sous la législation des XII Tables, ni sous la législation romaine ; elle apparaît seulement chez les Gallo-Romains.

Section III

DE LA FORCE PROBANTE DES ACTES PRIVÉS

Ou l'écrit émane de celui qui le produit ou, au contraire, il émane de celui à qui on l'oppose.

Dans le premier cas, un principe dicté par le bon sens est que nul ne peut, à l'appui de sa prétention, se contenter d'apporter l'écrit qu'il a rédigé lui-même.

Cela résulte également de la loi 5, C. *de probat.*: « *Instrumenta domestica seu privata testatio seu* » *adnotatio si non aliis quoque adminiculis ad-* » *juventur ad probationem sola non sufficiunt.* »

On trouve, dans les comptes d'un défunt, la déclaration par celui-ci qu'il est créancier d'un tiers; dans un testament, il se prétend proprié- taire: ce sont des actes qui n'ont aucune force probante, s'ils ne sont pas appuyés par d'autres preuves.

Ces « *adminicula,* » comme disent les textes, seront le plus souvent la présence ou le consen- tement du débiteur attestés par des témoins ins- trumentaires.

La raison de décider ainsi se trouve dans la loi 7, C. *de probat.*

Il serait d'un dangereux exemple, dit-elle, de donner foi à des notes par lesquelles un individu se serait constitué lui-même un débiteur : c'est pourquoi ni le fisc, ni personne, ne peuvent, par de simples notes qu'ils ont faites eux-mêmes, prouver qu'on leur doit quelque chose.

Quant à l'acte régulièrement rédigé, il fait foi contre son auteur. Mais si celui-ci dénie sa signature, on invoquera le témoignage de ceux qui ont assisté à la rédaction de l'écrit, ou bien, on recourra à la vérification d'écritures.

Quant au défendeur, s'il veut prouver un alibi, établir que le jour de l'acte il se trouvait dans un lieu différent, il devra faire cette preuve, *sive testibus, sive instrumentis.*

Instrumentis, en produisant des actes auxquels il a apposé sa signature le même jour, actes publics ou *quasi publice confecta ;* un écrit émané du défendeur lui-même serait insuffisant pour prouver l'alibi, car nous avons vu que *l'instrumentum domesticum* n'a aucune force probante s'il n'est corroboré par quelques adminicules.

Testibus, en amenant des témoins qui prouveront l'alibi ; les jurisconsultes romains n'étaient pas d'accord, sur leur nombre. Les uns prétendaient qu'il fallait plus de témoins pour repousser un acte que pour le confirmer ; les autres qu'il y avait identité de situation entre les parties.

« *In pari causa potiorem esse debere reum* » *unde petitur et contra actorem pronuntiandum* » *esse.* » (L. 125, *de reg. juris,* lib. 50, tit. 17). Remarquons que cette règle ne concerne pas seulement le créancier, mais aussi le débiteur, lorsqu'il fondera sa prétention sur une quittance, *nam in exceptione reus est actor.*

Celui qui était convaincu en justice d'avoir frauduleusement dénié son écriture était condamné à une amende de vingt-quatre sous d'or, au profit de son adversaire, et déchu du droit d'invoquer l'exception *non numeratæ pecuniæ,* dans les cas où il aurait pu le faire.

Justinien établit pour tous les cas la condamnation *in duplum* au profit de l'autre partie.

En Droit romain, lorsqu'une obligation avait été contractée, la mention de la cause sur le billet n'était pas essentielle.

L'écrit n'avait pas besoin d'être, comme l'on dit chez nous, causé.

Cependant l'indication de la cause était très utile, puisque, suivant qu'elle existait ou n'existait pas, c'était au débiteur ou au créancier à en faire la preuve souvent très délicate.

Si le débiteur est engagé par une stipulation ou par le contrat *litteris,* ces contrats étant de droit strict, du moment que les paroles ou l'écriture ont eu lieu, l'obligation existe. Le prêteur et la jurisprudence finirent par concéder au débiteur l'exception de dol pour se défendre contre l'action du créancier, mais ce fut à lui que revint le fardeau de la preuve : *Reus in excipiendo fit actor.* (L. 1, D., 44, 1).

Il y avait cependant une exception remarquable à cette règle. Si la promesse verbale ou littérale résultait d'un *mutuum* d'argent, et si le débiteur prétendait que l'argent ne lui avait pas été compté, on finit par lui accorder contre l'action du créancier une exception de dol, rédigée *in factum,* sous le nom spécial d'exception *non numeratæ pecuniæ.*

Le créancier, dans cette hypothèse, sera dans la nécessité de prouver la numération des espèces.

« *Exceptione opposita seu doli, seu non nume-*
» *ratæ pecuniæ compellitur petitor probare pecu-*
» *niam sibi esse numeratam, quo non impleto,*
» *absolutio sequetur* (3, C. de non num. pec.).

Pourquoi cette décision qui, de nos jours, ne se comprend plus ?

Les empereurs Dioclétien et Maximien paraissent supposer dans une constitution (l. 10, C. 4, 30) qu'il est impossible de prouver une négation.

« *Quum inter eum qui factum adseverans onus*
» *subiit probationis et negantem numerationem,*
» *cujus naturali ratione probatio nulla est, et ob*
» *hoc ad petitorem hujus rei necessitatem trans-*
» *ferentem, magna sit differentia.* »

Cette raison n'est pas sérieuse, et il n'est pas besoin de longues réflexions pour se convaincre que c'est là une simple assertion dépourvue d'exactitude.

En effet, le plus souvent, la forme négative d'une proposition est purement accidentelle : telle négation pourrait aussi bien revêtir la forme d'une affirmation. Les glossateurs appellent une proposition de ce genre « *negativa prægnans.* » Je nie que Titius soit libre, cela ne revient-il pas à dire que Titius est esclave.

Restent les négations qui ne sont pas susceptibles de se transformer en une affirmation directement contraire. Est-il vrai de dire qu'elles ne peuvent être prouvées? Oui, si, à l'affirmation d'un fait, je réponds par la négation vague de ce fait; mais si j'invoque par exemple un alibi pour démontrer que je n'étais pas à Rome le jour que vous indiquez, c'est un fait parfaitement précis dont la preuve pourra très bien être faite.

Si je dis que je ne suis jamais monté au Capitole, il faudrait établir l'emploi de tous les instants de ma vie, chose évidemment impossible;

cette proposition n'est donc pas susceptible de preuve.

Mais ce n'est pas à raison de sa forme négative, c'est à cause de son caractère indéfini, et ce qui le montre bien, c'est qu'on pourrait en dire autant d'une proposition inverse affirmative : depuis vingt ans, je suis monté tous les jours au Capitole.

En résumé, la forme négative ou affirmative d'une proposition ne saurait donc avoir aucune importance quant à la preuve.

Disons plutôt avec M. Bonnier (*Traité des preuves,* n° 46) que cette décision exceptionnelle tient à deux causes : en premier lieu, la fréquence d'un certain genre de fraude à Rome, fréquence attestée par le grand nombre de textes qui en font mention; la plupart du temps, l'écrit était rédigé et signé avant la numération des espèces, et il était facile au préteur de mauvaise foi de s'en emparer et de refuser ensuite de compter l'argent; en second lieu, à la tendance de la jurisprudence romaine à se dégager des formes rigoureuses de la stipulation et de l'obligation littérale.

Le délai, pendant lequel l'exception *non numeratæ pecuniæ* pouvait être opposée, avait d'abord été fixé à un an, ensuite à cinq ans, par Marc-Aurèle; Justinien le fixa à deux ans.

Est-ce à dire que le créancier de mauvaise foi n'aura qu'à attendre l'expiration du délai pour réclamer le montant de l'obligation? Non, évidemment, car la protection accordée au débiteur deviendrait illusoire.

Il peut prendre l'initiative par une *condictio sine causâ* qu'il intentera au créancier ; si ce dernier ne peut établir la numération des espèces, il sera tenu de restituer l'écrit. (L. 7, C. *de non num. pec.; L. 4, C. de condictione ex lege et sine causa,* 4, 9).

Justinien accorda une autre ressource au débiteur, c'est la *querela non numeratæ pecuniæ :* cette faculté consiste dans une protestation écrite adressée par le signataire du billet au créancier ou, en son absence, à l'autorité compétente. En vertu de cette *querela,* il pourra opposer en tout temps l'exception *non numeratæ pecuniæ.*

Le délai de deux ans écoulé sans protestation de la part du débiteur, il sera forcément condamné ; non seulement il ne pourra pas rejeter sur le créancier la preuve de la numération des espèces, mais il ne sera pas admis lui-même à prouver que le versement des deniers n'a pas eu lieu.

Ce point a été contesté ; mais nous croyons, avec M. Labbé, que c'est ainsi qu'il faut l'interpréter en présence du texte formel de Justinien (Inst., liv. 3, tit. 21) cité plus haut, *dum queri non potest, scripturâ obligetur,* et de la défense faite par l'empereur de déférer le serment au créancier : *post elapsum tempus in his nec jusjurandum offerre liceat.*

Si l'empereur a cru devoir interdire le moyen le plus facile de terminer la contestation, *a fortiori* ne doit-on pas admettre le débiteur à produire d'autres preuves qui exigeraient des débats sérieux, à cause du temps qui s'est écoulé.

Nous en avons fini avec les actes privés et, dès à présent, nous pouvons constater brièvement les progrès réalisés par la preuve littérale.

Après s'être introduite lentement, à la suite du développement de l'écriture qui n'en est que l'instrument, nous l'avons vue s'assimiler la preuve testimoniale pour ne former qu'un tout de ces deux éléments.

La rédaction d'un écrit ne donnait au contrat qu'une sûreté relativement faible ; l'adjonction de témoins à cette rédaction vint lui assurer des effets durables : nous pouvons donc dire que le premier pas était fait vers l'authenticité.

CHAPITRE II

SCRIPTURÆ FORENSES

Section I

HISTORIQUE & NATURE DE CES ACTES

Entre les actes privés et les actes publics se place une catégorie d'actes appelés *forenses,* d'une nature toute particulière. On appelle ainsi ceux qui étaient rédigés par les tabellions dans les formes prescrites.

Comme c'était le plus souvent au Forum que se trouvaient les bureaux (*stationes*) des tabellions, on prit l'habitude de les désigner ainsi.

Ces actes avaient une autorité plus grande que celle des actes privés, c'est ce qui résulte de la loi 11, C. *qui pot. in pign.* ; mais on ne peut pas les assimiler aux actes publics. Nous verrons, en effet, que la validité de ces derniers est absolument indépendante de la présence des témoins. (3, C. *de don.*) Aussi Doneau les qualifie-t-il de *media*. Justinien (Loi 20, C. *de fide instr.*) leur donne le nom de *publice confecta* : cette expression est peu juridique ; il prend alors le mot *publice* dans un sens matériel, pour désigner les rédactions faites au Forum.

Comment ces actes se sont-ils introduits à Rome?

Les anciens citoyens romains ne connaissaient que la guerre et l'agriculture. Les sciences, les arts, tout ce qui ne se rapportait pas directement à la guerre était pour eux chose vile et abandonnée aux esclaves ; une loi de Romulus (1) défendait l'exercice de tous les arts sédentaires qui contribueraient à introduire ou à entretenir le luxe et la mollesse. L'art d'écrire était donc peu honoré chez les premiers Romains; cependant l'écriture seule pouvait leur permettre de constater leurs conventions d'une manière permanente et certaine, en outre les formules si rigoureuses et si compliquées de leur Droit civil ne pouvaient être comprises et appliquées que par des agents dont la seule occupation était de les étudier.

De là les écrivains particuliers ou publics ; c'était, la plupart du temps, des esclaves. On les appelait *scribæ, tabularii, notarii, cursores, logographi,* suivant leur spécialité dans l'art d'écrire. Les riches citoyens avaient, dans leur maison, de ces esclaves. C'est à ces scribes qu'était confié

(1) Loi XX du Code Papyrien.

notamment le registre domestique dont nous avons parlé plus haut et sur lequel le père de famille écrivait chaque jour ses opérations financières, ses conventions, ses obligations.

Mais ce luxe d'esclaves n'était pas permis à tous. Les Romains eurent donc des écrivains publics, *tabularii,* pris également parmi les esclaves et auxquels tous les citoyens pouvaient s'adresser. Ces tabulaires rédigeaient par écrit les conventions des parties. Ils n'étaient revêtus d'aucun caractère public, et leurs actes, quoique passés en présence de témoins, restaient toujours de simples écritures privées.

Leur influence alla toujours croissant, à mesure que les relations juridiques augmentaient, et il est certain qu'au Bas-Empire, les *acta forensia* furent très usités.

Cette vérité nous est attestée par les nombreuses formules d'actes de ce genre qui nous sont parvenues et par le soin avec lequel leur confection fut réglementée. La confiance que leur ministère devait inspirer aux particuliers qui venaient leur déposer l'argent des consignations et aussi les charger de la rédaction de leurs conventions, s'accordait mal avec le caractère servile dont ils étaient revêtus ; aussi les voyons-nous s'élever peu à peu dans l'échelle sociale jusqu'à la liberté.

D'abord ils jouirent de certains priviléges. Déjà, à l'époque d'Ulpien, on reconnaissait à l'esclave public et aux tabulaires une situation à part dans la cité.

Sous Constantin, on les appelle *conditionales,*
c'est-à-dire « *huic conditioni addicti et manci-*
» *pati adeo ut non possint ad aliam aspirare*
» *militiam vel dignitatem* (1). »

On comprend, dès lors, comment leur rôle prit
bientôt le caractère d'une véritable fonction
publique.

Une constitution d'Honorius et Arcadius (2)
décide qu'à l'avenir les *tabularii* ne pourront
plus être choisis que parmi les hommes libres ;
certaines attributions municipales leur sont en
outre conférées. Ainsi ils tiennent les comptes
des magistrats des cités, dressent les rôles des
impôts et rédigent, comme nous le verrons plus
loin, certains registres publics. Cicéron déclare
que leur ordre était honorable, parce que les
tablettes publiques leur étaient confiées et qu'ils
partageaient la responsabilité des magistrats.
(*In verr.,* V.)

Différents textes leur confèrent également
certaines attributions relatives au Droit privé. Ce
sont eux qui, sous Justinien, reçoivent la *cautio*
qui garantit la restitution des biens de l'impubère
adrogé (3), qui assistent à la confection de l'inventaire nécessaire à l'exercice du *jus deliberandi,*

(1) Cujas, sur la loi 7, C., liv. X, tit. 1.

(2) L. 3, C. de tabulariis, X, 71.

(3) § 3, Inst., *de adopt.,* I, 11.

qui écrivent le testament de l'aveugle, qui constatent la remise du *libellus* interruptif de prescription. A partir de cette époque, les tabulaires devinrent des tabellions, et leur élévation progressive ne fit que concorder avec l'utilité croissante de leur ministère.

Il faudrait cependant se garder de confondre les tabellions romains avec les tabellions de notre ancien Droit et les notaires de notre Droit actuel.

D'un côté, en effet, on ne trouve nulle part la trace qu'ils aient, à aucune époque, donné l'authenticité aux actes passés devant eux ; d'un autre côté, on ne voit pas non plus qu'ils aient été les intermédiaires obligatoires et exclusifs pour certains actes importants, tels que le contrat de mariage, les donations, les testaments, etc.

Dans le dernier état du Droit romain, les tabellions formaient à Rome un grand collége, placé sous la direction d'un président *(primicerius)* et qui se recrutait lui-même par l'élection ; pour être reçu dans son sein, il fallait être habile dans l'art d'écrire et de parler, justifier d'une probité irréprochable et d'une connaissance parfaite du Droit. Une fois reçu, le candidat prêtait serment devant le préfet de la ville qui lui faisait don d'un anneau garni d'un cachet *(annulus signatorius)* emblème de ses nouvelles fonctions ; de là le candidat se rendait au temple, où il était revêtu, de la main du prêtre, d'une tunique blanche : il était, dès lors, régulièrement installé.

Section II

FORME DES ACTES FORENSES

―――――

La novelle 44, chapitre 2, nous apprend que les *notarii* dressaient d'abord un brouillon (*scheda*) que le tabellion mettait ensuite au net (*in mundum*), sur une feuille spéciale (*charta pura*), en tête de laquelle figurait le protocole (*protocollum*) qui contenait le nom du *comes sacrarum largitionum* ou ministre des finances, l'année de la fabrication de la feuille et d'autres mentions analogues, quelque chose comme notre papier timbré actuel.

Mais cette disposition n'était applicable qu'à Constantinople, à cause de la difficulté qu'on avait à s'en procurer dans les autres localités.

Le tabellion ne signait pas l'acte et, jusqu'à Justinien, il en fut de même des témoins qui devaient, au nombre de trois, assister à sa confection. Ils se contentaient d'y apposer leur sceau, sur un triple fil qui traversait les tablettes vers le milieu de la partie supérieure de la marge, « *amplissimus ordo decrevit eas tabulas quæ pri-* » *vati vel publici contractus scripturam continent* » *adhibitis testibus ita signari ut in summa mar-* » *ginis ad mediam partem perforatæ triplici lino*

» *constringantur ut exteriores scripturæ fidem*
» *interiori servent. Aliter prolatæ tabulæ nihil mo-*
» *menti habent.* (Paul, Sent., liv. V, tit. XXV, § 6.) »

Justinien a réglé avec beaucoup de détails, dans les novelles 44, 47 et 73, les conditions de validité des *scripturæ forenses.*

1º Les tabellions étaient tenus d'assister à l'expédition des actes et d'en prendre pleine et entière connaissance avant de les parachever, « *completionem imponere* », de manière à pouvoir renseigner le juge, au cas où l'écrit, étant contesté par les parties, serait déféré à la justice.

L'obligation d'assister à la confection de l'acte est absolue, et le tabellion ne peut s'en dispenser, sous prétexte de maladie ou d'occupation : il est seulement autorisé à appeler les parties devant lui.

Une exception est faite en faveur des tabellions de Constantinople : il leur est donné la faculté de se faire remplacer, pour assister à la rédaction des actes, par des substituts solennellement institués par eux, en présence du maître du cens de la ville. Ils prenaient alors le nom de *vicarii.*

Le tabellion, qui se faisait substituer, était puni de la destitution, mais l'acte n'était pas nul de plein droit;

2º Chaque acte doit contenir :

Le nom de l'empereur et l'année de son règne.

Le nom du consul et la désignation de l'année de sa charge.

5

L'indication du mois et du jour de la rédaction de l'acte (Nov., 47, ch. 1) ;

3o Trois témoins sont nécessaires pour la validité de l'acte *forensis;* mention spéciale de leur présence à l'acte doit être faite, avant clôture, par le tabellion (Nov., 73, ch, V).

4o La *completio*, c'est-à-dire la formule finale constatant que l'acte avait été *publice confectum* et la désignation du tabellion qui l'avait dressé devait être écrite en entier *propria manu tabellionis.*

Cette formule comprenait peut-être également l'*absolutio partium.*

C'est une déclaration par les parties, au moment de la clôture de l'acte, par laquelle elles affirment persister dans leur commune intention et reconnaître, dans la rédaction de l'acte, la traduction fidèle et exacte de leur volonté (L. 17, C. *de fide instr.).*

Malgré l'opinion isolée de quelques auteurs, la transcription *in mundum* n'avait pas besoin d'être l'œuvre du tabellion. La novelle 73 lève à cet égard tous les doutes : « *Si quidem per se non scripserit, sed per alium ministrantem sibi.* » Par contre, la *completio* devait nécessairement être écrite par le tabellion lui-même.

C'est par là, en effet, que l'acte reçoit son caractère de *publice confectum*, d'autant plus que nulle part on ne trouve trace que la loi romaine ait exigé l'apposition de la signature du tabellion. Bien que vraisemblablement ils l'apposaient, aucun texte ne l'exigeant, il n'y avait pas d'autre marque légale de leur intervention que la *completio*.

La signature des parties n'était pas exigée; on trouve dans les textes un argument *a contrario* qui le prouve.

En effet si la *subscriptio partium* est obligatoire pour la validité des actes privés, il n'en est plus de même pour les actes *forenses* pour lesquels la *completio tabellionis* est seule nécessaire.

On le comprend d'ailleurs aisément.

L'office des tabellions, plus encore que le ministère des notaires actuels, avait pour but de permettre aux personnes qui ne savaient pas écrire de se procurer une preuve de leurs conventions.

Les Romains n'avaient pas l'habitude de signer leur nom et ils se contentaient d'apposer leur sceau. Assurément le tabellion devait se servir de l'*annulus signatorius* dont nous avons parlé et qu'il recevait des mains du préfet de la ville pour en *signare* les actes qui sortaient de son étude. Quant aux parties, il est plus que probable que celles qui savaient écrire apposaient par surcroît leur signature qui pouvait, dans certains cas exceptionnels, leur fournir une ressource, si l'écrit était attaqué (L. 17, C. *de fide instrum.*); mais l'acte était parfaitement valable sans cela.

Section III

DE LA FOI DUE AUX ACTES FORENSES

———

Chez nous, les actes authentiques font foi par eux-mêmes et l'inscription de faux est nécessaire pour en combattre les énonciations. Il n'en était pas de même pour les actes *forenses* à Rome. Ils n'avaient pas le privilége de l'authenticité et, s'ils étaient contestés en justice, il fallait recourir à la preuve testimoniale. Pour cela, on appelait en témoignage le tabellion, le clerc qui l'avait assisté, le *numerator* qui avait compté les espèces; à défaut de ces deux personnages, le témoignage du tabellion seul, appuyé de son serment, suffisait.

C'était l'application de la preuve testimoniale à la rédaction d'un acte, avec cette particularité que le tabellion qui le dressait jouissait d'un crédit supérieur, parce que, comme rédacteur de l'acte, il en était le principal témoin ; mais il ne tirait de ses fonctions aucune autorité réelle, c'était un simple scribe ou greffier désigné par le magistrat pour écrire les conventions privées. L'acte écrit par lui n'avait pas plus de valeur que s'il avait été écrit par un autre, puisque tous les deux devaient être affirmés par serment prêté devant le magistrat.

L'autorité morale des tabellions était néanmoins devenue très grande chez les Romains, grâce aux garanties qui étaient exigées d'eux, à leur science de jurisconsulte et à l'habileté que leur donnait l'habitude des affaires.

On peut se demander, dès lors, quelle est la supériorité des actes *forenses* sur les actes privés, puisque leur force probante n'est pas sensiblement différente:

La réponse est, qu'en fait, ils sont plus avantageux : d'abord, parce qu'il est toujours facile de retrouver le *tabellio* et d'avoir son témoignage, enfin que son écriture sera facile à vérifier. Mais que devait faire le juge, lorsqu'il se trouvait en présence d'un tabellion affirmant une chose et de témoins instrumentaires en affirmant une autre? Nous ne voyons nulle part la solution de cette question délicate, mais il est permis de conjecturer que le témoignage du tabellion, conforme à l'acte invoqué, devait être pris en grande considération par le juge. Cela d'ailleurs n'est-il pas confirmé d'une façon suffisante par la déclaration que nous fait Justinien à la fin de la préface de la novelle 44? En effet, dans l'exposé de l'hypothèse qu'il avait choisie, il raconte qu'après avoir cherché le tabellion qui avait rédigé la *completio* et le clerc qui avait écrit l'acte, et n'ayant pu obtenir d'eux aucun renseignement, le juge n'avait plus d'espoir que dans les témoins.

Si le tabellion était mort, on procédait à la vérification de toutes les écritures contenues dans l'acte, selon les règles ordinaires.

Dans tous les cas, il fallait produire le titre original et non un extrait ou une copie. Le jurisconsulte Paul nous dit, en effet, que lorsqu'on produit une copie et non l'original, la production est présumée frauduleuse et indigne de foi et ne peut, dès lors, avoir aucune force en jugement.

Celui qui a dénié à tort son écriture dans un acte *forensis* est plus sévèrement puni que pour un acte privé: outre la peine de quatre-vingts *aurei*, il ne pourra plus opposer l'exception *non numeratæ pecuniæ*, s'il s'agit d'un *mutuum*, ou dire qu'il n'a pas reçu paiement, s'il s'agit d'une quittance.

Il y a plusieurs autres différences de détail entre les écrits *forenses* et les écrits privés :

1° L'acte *forensis*, malgré les dénégations de l'adversaire, fait foi tant que la fausseté n'en a pas été démontrée par quelque moyen. De plus l'acte bénéficie de l'exécution provisoire.

La loi 2, C. *de fide instr.* en fait l'application aux dettes de sommes d'argent. Alexandre-Sévère l'édicta pour empêcher le débiteur de retarder le paiement dans le seul but de préjudicier au créancier.

2° Nous avons vu précédemment que si les écrits privés, rédigés ou non par les parties, devaient toujours être revêtus de leurs signatures, il n'en était pas de même pour les actes *forenses*.

3° La loi 11, C. *qui pot. in. pign.* décide que le créancier muni d'un *instrumentum publice confectum* passe sur le gage ou le bien hypothéqué avant le porteur d'un acte sous seing privé, même ayant date certaine.

4° Les actes *forenses* étaient avec les actes privés *trium testium subscriptiones habentes* et les actes publics admis à servir à la comparaison des écritures, à l'exclusion des actes purement privés qui en étaient écartés.

5° Justinien avait attaché, en outre, à l'acte *publice confectum* un singulier privilége.

On sait que lorsqu'une femme intercédait pour autrui, son obligation était nulle d'après le sénatus-consulte Velléien. Si, pour éluder l'application du sénatus-consulte, elle déclarait avoir reçu une somme en *mutuum,* il fallait distinguer : si l'acte était *publice confectum,* elle ne pouvait plus recourir à l'exception, et elle était valablement obligée « *et intercessio valebit ;* » si, au contraire, elle s'était engagée par acte privé, elle restait protégée par le s.-c. Velléien. (Loi 23, C. *ad. sen. cons.* Velleian.)

« *Sed si quidem in ipso instrumento interces-*
» *sionis dixerit sese aliquid accepisse, et sic ad*
» *intercessionem venisse et hoc instrumentum*
» *publice confectum inveniatur et a tribus testi-*
» *bus consignatum : omnimodo esse credendum*
» *eam pecuniam vel res accepisse et non esse ei ad*

» *senatusconsulti Velleiani auxilium regressum.*
» *Sin autem, sine scriptis intercesserit, vel ins-*
» *trumento non sic confecto, tunc si possit stipu-*
» *lator ostendere eam accepisse pecunias vel res et*
» *subiisse obligationem, repelli eum a senatus-*
» *consulti juvamine.* »

Il convient d'ajouter que ce droit nouveau perdait toute application dans le cas spécial où la femme s'était engagée pour son mari, son obligation devant, dans ce cas, être considérée comme absolument nulle.

Nous venons d'étudier la preuve littérale originelle se manifestant par la confection d'actes privés; cette preuve n'eut jamais qu'un empire restreint, dans le domaine de la confiance, en matière de convention.

Laisser sa fortune et son honneur à la discrétion d'autrui sur la foi d'un simple billet dont la puissance est tellement sujette à caution que la seule mauvaise foi du débiteur peut obliger le créancier à une preuve difficile et périlleuse, c'était là une situation que ne devait pas long-temps supporter l'homme qui éprouve si fortement le besoin de rattacher son activité à des éléments plus certains.

Ce fut cette tendance toute naturelle à l'homme qui, dans la législation romaine, introduisit successivement la pratique des écritures quasi-publiques et des *scripturæ forenses*. Mais cela ne devait pas suffire, et la stabilité des conventions ne trouvait pas encore là une suffisante garantie.

C'est dans le dépôt aux archives publiques que les Romains ont cherché cette sûreté tant désirée, et cette digression nous amène tout naturellement à parler des actes publics à Rome.

CHAPITRE III

ACTES PUBLICS

Section I

LES ARCHIVES CHEZ LES ROMAINS

Tous les peuples anciens ont eu leurs archives : en Grèce, les lieux sacrés recevaient les actes et les titres ; à Rome, c'étaient les temples de Vesta, d'Apollon et du Capitole. Du temps d'Ulpien, il était déjà d'usage de déposer dans les archives publiques les actes dont on voulait assurer la durée et auxquels on voulait donner le caractère de l'authenticité.

« *Solent et sic, ne eo loci sedeant quo in publico* » *instrumenta deponuntur, archio forte vel gram-* » *matophylacio.* (L. 9, § 6, D. 48, 19.)

Ce dépôt dans les archives donnait à tous les actes l'authenticité, mais tous n'avaient pas le même caractère ; il y avait deux classes d'actes publics :

1° Ceux qui devaient, de par la loi elle-même, être déposés aux archives publiques, parce que le législateur avait voulu leur assurer une *fides publica :* il faut ranger dans cette première catégorie les registres du cens créés comme on sait par Servius Tullius et qui contenaient le nom de chaque citoyen, l'indication de son âge, de sa fortune, de son domicile, des personnes composant sa famille, les livres civiques tenus par les préteurs, les actes de l'état-civil, en général tous les actes émanés de l'autorité publique ;

2° Tous les actes qui étaient déposés par des particuliers, qu'ils fussent *scripturæ forenses* ou simplement *privatæ*. Ces titres ainsi déposés avec les formalités exigées en pareille matière sont indifféremment appelés, tantôt *instrumenta in archium redigata*, tantôt *instrumenta actis alligata*, tantôt *instrumenta apud acta insinuata*, tantôt *acta intimata*.

L'intérêt de la distinction est purement théorique, car le dépôt dans tous les cas donnait aux actes la même autorité.

L'usage des archives se répandit très vite dans les principales villes de l'Empire. Un texte de Paul (Sent., l. IV, tit. VI, § 1) nous apprend qu'on y déposait les testaments afin de ne pas être pris au dépourvu.

« *Ac deinde signo publico obsignatum in* » *archium redigatur, ut, si quando exemplum* » *ejus interciderit, sit unde peti possit.* »

Justinien ordonne par sa *novelle* 15, ch. 5, p. 2, d'en établir dans toutes les villes où il n'y en avait pas encore.

« *Præcepta vero faciat tua eminentia per*
» *unamquamque provinciam, ut in civitatibus*
» *habitatio quædam publica distribuatur in qua*
» *conveniens est defensores monumenta recondere,*
» *eligendo quemdam in provincia qui horum*
» *habeat custodiam: quatenus incorrupta ma-*
» *neant hæc et velociter inveniantur a requi-*
» *rentibus, et sic apud eos archivum et quod hac-*
» *tenus prætermissum est in civitatibus emen-*
» *detur.* »

Nous venons de voir qu'il y a plusieurs sortes
de registres pour les actes publics : nous ne nous
occuperons que de ceux qui étaient destinés à
recevoir les actes à insinuer, nous devons dès
lors définir ce mot.

L'insinuation, c'est le dépôt aux archives
publiques d'un acte quelconque; on sait qu'elle
est exigée pour la validité de certaines donations.
Constance Chlore avait assujetti à cette formalité les donations supérieures à cinq cents solides,
plus tard ce taux fut abaissé à deux cents solides (1). La donation qui devait être insinuée
n'était pas complètement nulle, elle subsistait
jusqu'au chiffre fixé pour rendre l'insinuation
nécessaire et était radicalement nulle pour le
reste (2).

L'insinuation revêtait des formes solennelles;
un magistrat spécial avait été institué pour

(1) Inst., *de donat.*, II, 7, § 2.
(2) 34 procem. et § 4, 36, § 3 C. *de donat.*

recevoir les actes publics. A Rome et à Constantinople, c'était le *magister census*, ailleurs les *defensores civitatis*. L'officier public chargé de la tenue des registres se nommait *actuarius*. Aux termes d'un rescrit de Sévère, les actes publics devaient toujours être mis à la disposition des citoyens qui avaient besoin de les consulter.

Section II

FORME DE L'INSINUATION

Ou bien il s'agissait d'un acte unilatéral, et alors la personne qui voulait le faire insinuer se présentait seule devant le magistrat;

Ou bien il s'agissait d'un acte synallagmatique, et alors les parties contractantes se rendaient toutes devant les magistrats compétents, leur acte à la main.

Lecture de l'acte était donnée par le greffier, les comparants affirmaient que c'était bien l'expression exacte de leur volonté et en requéraient l'insinuation.

La formule complète nous en a été transmise par Cujas dans son commentaire sur le § 1, t. 6,

Sent. Paul, liv. IV. Il s'agit d'un testament déposé par un mandataire ; il est curieux de voir avec quel cérémonial le dépôt était reçu.

« *Anno illo, sub die illa, civitate illa, adstante*
» *defensore, et omni curia illius civitatis, Titius*
» *prosecutor dixit : Peto, optime defensor, vosque*
» *laudabiles curiales atque municipes, ut mihi*
» *codices publicos patere jubeatis. Quædam enim*
» *in manibus habeo, quæ gestorum cupio allega-*
» *tione roborari. — Defensor et curiales dixerunt:*
» *Patent tibi codices publici, prosequere quæ op-*
» *tas. — Prosecutor dixit : Gaius vir illustris*
» *mihi mandavit, testamentum, ut mos est, gestis*
» *municipalibus insinuarem. — Defensor dixit :*
» *Amanuensis mandatum accipiat et recitet. Post*
» *recitationem mandati, defensor dixit : Manda-*
» *tum quidem recitatum est, sed testamentum,*
» *quod præ manibus te habere dicis, etiam nobis*
» *præsentibus recitetur, et ut postulas, gestis pu-*
» *blicis firmetur. Post recitationem testamenti,*
» *defensor et curiales dixerunt, testamentum quod*
» *recitatum est, gestis publicis inferatur. — Pro-*
» *secutor dixit : Hoc amplius peto, optime defen-*
» *sor, ut mihi gesta publice edantur. — Defensor*
» *et ordo curiæ dixerunt : Quia testamentum et*
» *mandatum rite condita, et bonorum virorum*
» *subscriptionibus firmata cognovimus, equum*
» *est, ut gesta cum a nobis fuerint subscripta et*
» *ab amanuensi edita, tibi ex more tradantur,*
» *eadem in archiis publicis conserventur. »*

Cette insinuation était toute différente de celle

de notre ancien Droit et de notre transcription actuelle. Elle ne s'appliquait pas seulement à une classe d'écrits déterminés, mais à tous.

La présence effective des parties elles-mêmes évitait les embarras d'une enquête souvent fort difficile ou de la vérification d'écritures.

Les actes avaient en outre, par ce système, une durée et une incommutabilité plus certaines, étant ainsi à l'abri des fraudes des particuliers.

Ce fut sans doute le motif qui détermina les empereurs à exiger que les donations fussent insinuées (27, C. *de donat.*).

Section III

DE LA FORCE PROBANTE DES ACTES PUBLICS

L'authenticité des conventions résultait des formalités spéciales accomplies en présence des magistrats municipaux.

C'était la curie, nous dit Laferrière, qui exerçait la juridiction volontaire, celle concernant les actes que les citoyens voulaient faire revêtir d'un caractère authentique. Constantin avait donné l'exemple par la solennité de l'insinuation exigée pour les donations entre vifs.

Elle était facultative pour la rédaction des testaments, pour les ventes et les autres transactions. L'émancipation, l'affranchissement, la dation de tuteur pouvaient avoir lieu devant les magistrats municipaux. La curie était représentée au moins par un magistrat de la cité et trois curiales assistés d'un scribe ou greffier : c'était ce qui constituait les actes municipaux, les *gesta municipalia*.

Du jour de l'insinuation, qu'il émane des particuliers ou des représentants de l'autorité, l'acte est authentique et il fait pleine foi par lui-même et à l'égard de tous. Aussi il n'était pas besoin de les vérifier, et la preuve testimoniale n'était pas admissible.

Census et monumenta publica potiora testibus esse senatus censuit (L. 10, D., *de probat.*).

Les textes ne laissent à cet égard aucun doute.

Le fondement de cette autorité est le même que celui sur lequel repose la confiance accordée par nos lois aux actes authentiques.

L'acte *quod ex archivis profertur* est *monumentum publicum* et ce, parce que le témoignage du préposé des archives est un *testimonium publicum*, et c'est avec beaucoup de justesse et de raison que Toullier assimile aux actes insinués les actes sous seings privés dont les parties ont effectué le dépôt au rang des minutes d'un notaire, lesquels deviennent authentiques par le fait qu'ils ont été reconnus sincères et véritables, au moment du dépôt, par ceux contre lesquels ils font preuve. Nous devons cependant faire immédiatement une observation. Bien que les *instrumenta publica* présentent une *inconcussam et perpetuam firmitatem,* il faut distinguer entre les faits que le préposé des archives a mission de constater et ceux qu'il ne peut pas constater. Peut-être faut-il admettre que l'acte public fait foi d'une manière inébranlable de tout ce qu'il a pu constater *propriis sensibus,* de la date du dépôt, de la signature des parties, si les parties ont signé, en sa présence, de leurs déclarations, etc., tandis que les autres énonciations tombent devant la preuve contraire.

Il est vrai que cette distinction ne se trouve ni dans les textes, ni chez les interprètes du Droit romain, mais elle est extrêmement vraisemblable. Autant, en effet, le maître du cens, les décemvirs et les *defensores civitatis* devaient imprimer la *publica fides* aux déclarations et constatations faites dans la sphère de leurs attributions, autant ils devaient rester étrangers aux stipulations intervenues sans leur présence et tout à fait en dehors de leur ministère.

Nous en avons fini avec les trois classes d'écrits que nous nous étions proposé d'étudier; nous avons à nous occuper maintenant de la vérification des écritures, et nous pouvons, dès à présent, remarquer que notre dernière classe d'écrits n'y sera jamais soumise, et cela à raison du caractère authentique dont ils sont revêtus et qui leur donne une autorité absolue, *erga omnes.*

6

CHAPITRE IV.

DE LA VÉRIFICATION D'ÉCRITURES.

Lorsque celui à qui on oppose un écrit refuse dè le reconnaître pour le sien et en conteste la véracité, nous avons vu que l'autre partie pouvait invoquer le témoignage de ceux qui avaient assisté à l'acte, l'autorité du tabellion.

Lorsque ces personnes étaient mortes ou absentes, il fallait nécessairement recourir à la vérification d'écriture, c'est-à-dire qu'on apportait des écrits qui émanaient inconstestablement de la main de celui à qui on opposait l'écriture contestée, et on s'efforçait de prouver que la même personne avait signé les deux sortes d'écrits.

La plupart du temps, la preuve était faite par des experts ayant des connaissances spéciales en cette matière.

Ce mode de preuve a toujours soulevé de nombreuses critiques et cela se comprend aisément. D'un côté, les écritures de deux personnes peuvent se ressembler au point de s'y méprendre.

D'habiles faussaires peuvent arriver à contrefaire avec une rare perfection la signature d'un homme.

D'un autre côté, la même personne peut signer tantôt d'une façon, tantôt d'une autre; mille circonstances peuvent modifier les caractères que sa main tracera tantôt sous l'empire d'une émotion puissante et invincible, tantôt sous le coup de la maladie ou de la vieillesse.

On pourrait citer de nombreux exemples où des vérifications d'écriture ont été démontrées contraires à la vérité. Justinien, dans la novelle 73, nous rapporte un fait qui vient à l'appui de cette assertion.

Un particulier ayant produit en justice un contrat d'échange, la comparaison fut ordonnée. Les experts furent entendus; ils trouvèrent une dissemblance caractérisée dans les écritures, et jugèrent la pièce fausse.

Cependant, par l'événement, la pièce qu'ils avaient jugée fausse se trouva vraie, et elle fut reconnue par tous les témoins qui l'avaient signée.

Cette facilité de tomber dans l'erreur, et en même temps les fraudes nombreuses qui se produisirent, déterminèrent certains empereurs à prohiber d'une façon absolue ce genre de preuve.

« *Quidam imperatorum, super excrescente jam*
» *malitiâ eorum qui adulterantur documenta,*
» *hæc talia prohibuerunt: Illud studium falsa-*
» *toribus esse credentes, ut ad imitationem litte-*

» *rarum semetipsos maxime exercerent, eo quod*
» *nihil aliud est falsitas quam veritatis imitatio.* »
(Nov., 73).

Justinien ne la proscrivit pas, mais il l'entoura de conditions extrêmement rigoureuses qui devaient en restreindre singulièrement l'usage.

Il décida que les écrits, revêtus de la signature de trois témoins dignes de foi et irréprochables, pouvaient seuls être vérifiés par experts.

Ne pourront, servir comme pièces de comparaison que les *instrumenta publica* ou *publice confecta*, auxquels il faut ajouter les actes privés, signés de trois témoins, dont deux au moins reconnaissent leur signature et déclarent que l'acte a bien été signé de celui à qui on l'oppose (1).

Que penser de l'acte qui n'a pas été signé par les témoins, mais qui est reconnu par le défendeur qui consent à ce qu'on s'en serve contre lui dans l'expertise? Il semble qu'il faille décider qu'il pourra servir de pièce de comparaison. C'est cependant le contraire que les Romains ont admis. Peu importe que l'acte contienne un élément favorable ou défavorable pour celui qui le produit. L'aveu du défendeur doit être repoussé, car il est intéressé.

« *Sancimus, si quando aliquid contigerit, et*
» *quispiam voluerit secundam eas quæ ab adver-*
» *sario prolatæ sunt litteras fieri examinationem*

_____

(1) Comp.: Art. 200 Cod. proc.

» *non accusetur hoc tanquam non recte sit fac-*
» *tum* (1).

Pourtant deux exceptions furent admises :

1º Les écrits privés, non revêtus de la signature des trois témoins, pourront être admis comme pièces de comparaison, si l'adversaire a lui-même employé ces écrits.

« *Aliter etiam fieri comparationem nullo con-*
» *cedimus modo,* dit Justinien, *licet in semet-*
» *ipsum aliquis chartam conscriptam proferat.* »

Voici l'hypothèse. — Primus me réclame cent francs, prix d'une vente qu'il m'a consentie et dont il produit l'acte écrit signé de lui et de moi. Je lui réclame cent francs pour prêt de pareille somme que je lui ai fait et je présente un *chirographum* signé de lui et dont il conteste l'écriture.

Je pourrai me servir de l'acte de vente produit par Primus pour arriver à la vérification de la signature apposée sur le billet qui constate le *mutuum.* Il y a, en effet, dans la production de sa part de l'acte de vente, un aveu peu suspect dont j'ai le droit de profiter.

2º Tout acte privé, extrait des archives publiques, pourra servir de pièce de comparaison.

« *Si vero etiam ex publicis archivis proferatur*
» *charta... et quod ex publicis archivis profertur,*
» *et publicum habet testimonium, etiam suscepti-*

(1) Nov. 49, ch. II, § 1.

» *bile hoc esse ad collationes manuum poni-*
» *mus* (1). »

Outre les diverses conditions que nous venons
d'énumérer, certaines obligations étaient encore
imposées au demandeur.

Ainsi il devait, avant qu'on procédât à l'examen
des procès, prêter un double serment : d'abord
qu'il n'agissait ni par esprit de lucre, ni par
haine, ni par amitié :

Quod neque lucri gratiâ, neque inimicitiis, ne-
que gratiâ tentus, hujusmodi facit comparatio-
nem (2), et en outre qu'il ne recourait à ce moyen
extrême qu'à défaut de tout autre moyen de
preuve, et que l'écrit n'avait subi aucune altération de sa part :

Quia non aliam idoneam habens fidem ad col-
lationem instrumentorum venit : nec quidquam
circa eam agit aut machinatus est, quod possit
forte veritatem abscondere (3).

Bien que les textes ne le disent pas expressément, il est probable que les experts prêtaient
également un serment analogue à celui que l'on
fait prêter de nos jours.

La vérification d'écritures accomplie, ses résultats n'avaient pas toujours une bien grande

(1) Nov. 49, ch. II, § 3.

(2) L. 20, C. de fide instrum.

(3) Nov. 73, ch. VII, § 3.

importance, tant il est vrai qu'on avait peu de foi dans ce mode de preuve.

Au dire de Cujas, la simple comparaison d'écritures toute nue ne fait point foi. Le plus grand effet qu'elle puisse avoir, c'est de passer pour une demi-preuve, c'est-à-dire d'obliger le juge à déférer le serment à la partie qui soutient la sincérité de l'écrit. Mais, pour faire preuve, il faut que le rapport des experts soit appuyé de la signature des témoins et de leur déposition (1).

Si les experts ont déclaré qu'un titre était faux et qu'ensuite il vienne à être reconnu exact et véritable par les témoins qui l'ont signé, Justinien, dans la novelle 73, laisse toute latitude au juge de décider qui des témoins ou des experts mérite d'être cru.

« *Si vero aliquid tale contigerit, quale in Ar-*
» *meniâ factum est, ut aliud quidem faciat col-*
» *latio litterarum, aliud vero testimonia, tunc*
» *nos quidem existimavimus ea quæ vivâ dicun-*
» *tur voce et cum jurejurando : Hæc digniora*
» *fide quam scripturam ipsam secundum se sub-*
» *sistere. Verumtamen sit hoc judicantis pru-*
» *dentiæ simul atque religionis, ut veracibus po-*
» *tius pro talibus credat.* »

(1) Cujas, ad nov. 49 et 73.

CHAPITRE V

VALEUR COMPARATIVE

DE LA PREUVE LITTÉRALE & DE LA PREUVE TESTIMONIALE

———

Dans notre étude sur la preuve littérale, nous avons rencontré à chaque instant la preuve testimoniale et nous avons pu nous convaincre que celle-ci jouait un rôle très important chez les Romains.

Mais quel rang assigner à chacune d'elles ?

Dans le droit moderne, depuis l'ordonnance de Moulins qui supprima l'ancienne maxime, témoins passent lettres, la question n'est pas controversée, la preuve littérale prime la preuve testimoniale. La solution est loin d'être aussi claire en Droit romain, et cette question a donné naissance à des solutions très divergentes. Nous ferons connaître les trois principaux systèmes :

1° Le premier système, qui est celui de Treutler et de Schulting, donne la préférence à la preuve testimoniale ;

Les auteurs, qui soutiennent cette opinion, s'appuient sur deux textes : la *novelle* 73, ch. III et un rescrit d'Adrien cité par la loi 3, § 3, D., *de testibus.*

« *Divus Adrianus rescripsit testibus se, non testimoniis crediturum.* »

Ce membre de phrase, considéré isolément, semble donner raison aux partisans du système ; mais, pour peu qu'on continue la lecture du texte, on s'aperçoit qu'Adrien ne cherche en aucune façon à trancher une question de preuve, mais qu'il se borne seulement à recommander aux juges, dans les causes criminelles, d'entendre les témoins eux-mêmes et de ne pas se contenter de leurs dépositions écrites.

« *Verba epistolæ, ad hanc partem pertinentia*
» *hæc sunt : quod crimina objecerit apud me*
» *Alexander Apro, et quia non probabat nec tes-*
» *tes producebat, sed testimoniis uti volebat, qui-*
» *bus apud me locus non est : nam ipsos interro-*
» *gare soleo.* »

Le passage de la *novelle* 73, invoqué par le premier système, est le suivant :

Tunc nos quidem existimavimus ea quæ viva dicuntur voce et cum jurejurando, hæc, digniora fide quam scripturam ipsam secundum se subsistere, mais il ne prouve pas suffisamment ce que les partisans de ce système en induisent, à savoir que la preuve testimoniale prime la preuve littérale. Il est question dans ce passage de la comparaison d'écritures, et Justinien exprime cette idée qu'il a plutôt confiance dans le témoignage de ceux qui ont assisté à la rédaction de l'écrit que dans la vérification elle-même.

L'hypothèse est trop spéciale pour qu'on puisse en tirer un argument dans notre question.

A défaut de textes positifs, on s'est adressé à la littérature et on a cru trouver dans un texte de Cicéron un argument absolument péremptoire :

« *Est ridiculum... quum habeas amplissimi* » *viri religionem integerrimi municipii jusjuran-* » *dum fidemque, ea, quæ depravari nullo modo* » *possunt, repudiare; tabulas quas idem dicis so-* » *lere corrumpi desiderare* (1). »

Outre qu'une œuvre littéraire n'a pas assez de précision juridique pour servir de base vraiment solide à un système controversé, le passage ci-dessus de Cicéron ne prouve absolument rien. Est-ce que Cicéron prétend détruire par des témoignages l'autorité des écrits? Est-ce qu'il prétend donner la prépondérance à tel genre de preuve plutôt qu'à tel autre? En aucune façon. Il demande à suppléer par le témoignage de gens absolument irréprochables à la perte des regis-tres d'Héraclée, détruits par un cas de force majeure, dans l'incendie de la ville, comme le prouve d'ailleurs la suite du texte :

« *Hic tu tabulas Heraclensium publicas desi-* » *deras? quas italico bello, incenso tabulario,* » *interiisse simul omnes.* »

_____

(1) Cic., Orát. pro Archiâ poetâ, n° IV.

Notre question reste donc entière et les textes précités ne fournissent aucune solution acceptabl e.

2° Le second système donne la préférence à la preuve littérale, c'est celui de Pothier et de Domat.

C'est certainement le plus rationnel ; mais est-ce à dire pour cela que les Romains l'ont adopté. Nous croyons le contraire. Ce qu'il faut avant tout, en pareille matière, ce sont des textes, et les textes manquent absolument, à l'exception d'un seul, la loi première au Code *de testibus.*

« *Contra scriptum testimonium non scriptum testimonium non fertur.* »

Cette constitution perd toute sa valeur quand on sait qu'elle a été rétablie au Code par Cujas, d'après les Basiliques, et que le texte a été interprété différemment par les commentateurs. Les uns le traduisent de la façon suivante : Les témoins signataires d'un acte ne sont pas admis à en combattre l'énoncé ; d'autres, le témoin, qui a donné son témoignage par écrit dans un certain sens et qui vient ensuite affirmer le contraire de vive voix, ne doit pas être entendu, par application de la loi 2 au Digeste *de testibus.* « *Testes* » *qui adversus fidem suam testationis vacillant* » *audiendi non sunt.* »

Le deuxième système ne nous satisfait donc pas.

3° Le troisième système met sur la même ligne les deux preuves et déclare qu'elles jouissent

d'une égale force. C'est le système de Zœsius,
Voët, Cujas, et il a pour base la loi 15 au Code
*de fide instrumentorum. In exercendis litibus
eamdem vim obtinent tam fides instrumentorum
quam depositiones testium...* Le juge, dans le
doute, donnera la préférence au genre de preuve
qui, selon les circonstances, lui paraîtra mériter
le plus de créance.

Voilà pourquoi là loi 14 au Code *de contra-
henda et committenda stipulatione* met la preuve
testimoniale au-dessus de la preuve écrite, tandis
que la loi 10 au Digeste *de prob.* prohibe l'admission de la preuve par témoin contre un écrit.

Ceux qui soutiennent cette troisième opinion
se gardent bien de répondre à l'argument tiré de
la loi 1 au Code *de testibus.* D'ailleurs, s'ils s'entendent sur l'énoncé du principe, il faut avouer
qu'ils se divisent singulièrement quand il s'agit
de l'appliquer.

Struvius distingue les causes publiques des
causes privées, et donne la préférence à l'écrit
dans les premières.

Cujas préfère la preuve testimoniale dans les
questions de fait, la preuve littérale dans les
questions qui visent les droits, les qualités et
l'état des personnes.

Doneau sépare les *instrumenta publica* des
instrumenta privata ou *publice confecta.* Les premiers seuls l'emportent sur le témoignage par
application de la loi 10 au Dig. *de prob.* et de la
loi 31 au Code *de don.* « *Census et publica monu-*

» *menta potiora testibus esse senatus censuit. Nam*
» *superfluum est privatum testimonium, quum*
» *publica-monumenta sufficiant.* »

Les autres sont sur la même ligne que la preuve testimoniale, en vertu de la loi 15 au Code *de fide instr.* ; s'il faut opter, il inclinera même vers la preuve testimoniale.

Il est difficile, on le voit, de se rallier, sans arrière-pensée, à l'un de ces trois systèmes.

M. Derome, dans la *Revue de législation*, 1849, 1, p. 291, a essayé avec raison, croyons-nous, de résoudre cette question d'une manière tout historique.

A l'origine, il est certain que la preuve littérale resta longtemps inconnue aux Romains, et cela se comprend aisément, car l'usage de l'écriture ne se répandit que lentement. Peu à peu l'écriture devint populaire ; on commença à constater la vérité de cet adage de nos anciens jurisconsultes que « qui mieux abreuve, mieux preuve », et l'on eut recours à la preuve littérale, plus commode et plus sûre. A partir de ce moment, la preuve littérale fait de rapides progrès ; mais les Romains étaient formalistes et respectueux des vieilles traditions, et la preuve testimoniale conservait toujours son ancienne supériorité. Il fallut la consécration du temps. Il y eut enfin un moment auquel on peut assigner pour date le premier siècle de l'ère chrétienne, où les deux preuves jouirent d'une même autorité : la loi 15 au

Code *de fide instr.* ne fait que traduire dans les lois un état de choses bien antérieur.

A partir de ce moment, la preuve littérale prend un essor dans lequel elle n'est plus arrêtée par l'ignorance ou la routine, et nous voyons le jurisconsulte Paul étendre le principe à tous les écrits dont la sincérité n'est pas mise en doute « *Testes cum de fide tabularum nihil dicitur adversus scripturam interrogari non possunt.* »

En 223, un rescrit d'Adrien exigea l'emploi de cette preuve dans une question d'Etat : « *Si tibi* » *controversia ingenuitatis fiat, defende causam* » *tuam instrumentis et argumentis, quibus potes:* » *soli enim testes ad ingenuitatis probationem* » *non sufficiunt* (1). »

Au Ve siècle, c'est Justin qui, dans une constitution remarquable, repousse la preuve testimoniale contre la teneur d'un écrit : « *Generaliter* » *sancimus ut, si quid scriptis cautum fuerit, pro* » *quibuscumque pecuniis ex antecedente causâ* » *descendentibus, eamque causam specialiter pro-* » *missor edixerit, non jam ei licentia sit causæ* » *probationem stipulatorem exigere, cum suis* » *confessionibus acquiescere debeat : nisi certè* » *ipse e contrario, per aptissima rerum argu-* » *menta scriptis inserta, religionem judicis possit* » *instruere, quia in alium quemquam modum,* » *et non in eum quem cautio perhibet negotium*

(1) L. 2, C. *de testibus.*

» *subsecutum sit. Nimis enim indignum esse ju-*
» *dicamus quod suâ quisque voce dilucide protes-*
» *tatus est, id in eamdem causam infirmare, tes-*
» *timonioque proprio resistere.* » (L. 13 au Code
» *de non numer. pec.*).

Justinien semble abandonner ce principe dans
la loi 14 au C. *de contr. et comm. stipul.;* mais il
s'agit là d'une disposition exceptionnelle pour
une hypothèse spéciale.

Justinien semble ne permettre la preuve testimoniale qu'à regret; il ne cache pas ses préféren-
ces pour la preuve littérale « *melius per scripturam* », et ce qui le prouve, ce sont les précautions
et les réserves du texte « *vel saltem per testes
undique idoneos et omni exceptione majores.* »

N'avons-nous pas d'ailleurs du même empereur une constitution antérieure, la loi 18 au C.
de test. dans laquelle il défend de faire par témoins la preuve du paiement total ou partiel
d'une obligation par écrit, si ce n'est dans un cas
très rare et rigoureusement réglementé. « *Nisi*
» *quinque testes idonei et summæ atque integræ*
» *opinionis præsto fuerint solutioni celebratæ hi-*
» *que cum sacramenti religione deposuerint sub*
» *præsentia sua debitum esse solutum.* »

Quant à l'exception *non numeratæ pecuniæ*, si,
a priori, elle semble faire brèche à l'autorité de
l'écrit, nous savons pour quel motif elle a été admise, et d'ailleurs il est bon de constater que les
témoins ne sont pas appelés pour attaquer le contenu de l'écrit.

Pour nous résumer, si l'on veut savoir quelle est, à l'époque de Justinien, la force du témoignage oral à l'encontre d'un écrit, il faudra distinguer :

S'il s'agit d'attaquer la sincérité de l'acte, en rechercher l'origine, on peut recourir indifféremment aux deux modes de preuve. S'il s'agit au contraire de contester la teneur de l'acte, de soutenir que les conventions n'ont pas été bien relatées, la preuve testimoniale ne sera pas admise ou ne le sera qu'accessoirement à la preuve littérale.

Au point de vue général de l'admissibilité des deux preuves, la preuve littérale a encore une supériorité marquée, aucune loi n'en repousse l'emploi, tandis que la preuve testimoniale se trouve avoir dans certains cas un rang inférieur. (L. 14, C. *de contrah. et commit. stipul.* — L. 18, C. *de test.*) ; dans d'autres, elle n'est pas même admise. (L. 2, C. *de testibus.*)

Il est donc vrai de dire que la preuve littérale qui, dans les premiers temps de Rome, était complètement inconnue, devint bientôt égale en autorité à la preuve testimoniale et qu'elle la surpassa peu après, pour lui rester supérieure, sous Justinien, pendant tout le temps de la décadence de l'Empire d'Orient, et être adoptée plus tard, par nos jurisconsultes, comme le mode de preuve par excellence.

DROIT FRANÇAIS

HISTOIRE DU DROIT

LES ORIGINES DU NOTARIAT FRANÇAIS

En étudiant, en Droit romain, les actes *forenses,* nous avons été amené à parler des tabellions et nous avons eu soin de faire remarquer qu'il y avait une différence notable entre le tabellion et le *notarius* ou *tabularius.* Celui-ci n'avait aucune charge déterminée : il devait prêter ses soins à toutes sortes d'écritures ; le tabellion, au contraire, n'était institué que pour recevoir les conventions des particuliers, il remplissait un ministère en dehors duquel on ne pouvait rien réclamer de lui. Ses actes avaient un caractère public ; partout ils sont mentionnés comme tels et opposés aux simples écritures privées, avec lesquelles les

7

actes des *notarii* ou *tabularii* furent toujours confondus.

A notre sens, le tabellionat est né sans précédent aucun, au moment où le peuple, las de guerres, voulant jouir de la paix et recherchant la fortune, sentit le besoin d'un autre homme qu'un esclave pour monumenter ses conventions et d'autres écrits que des écrits privés.

Simples intermédiaires des parties, les tabulaires ne leur avaient prêté que le secours de leur plume et les connaissances pratiques qu'ils avaient pu acquérir à la longue ; les tabellions ne devaient pas s'en tenir à ce rôle modeste ; leur intervention fut bien plus précieuse, parce qu'il en résultait pour les contractants une sûreté toute particulière. On comprend dès lors aisément quelle dut être la faveur dont les tabellions furent entourés et quelle situation durent occuper ceux dont Cassiodore a dit qu'ils étaient « *cunctorum securitas; quoniam jus omnium ejus* » *sollicitudine custoditur.* » (L. XII. ch. 21.)

Peu à peu, l'influence des tabellions alla en grandissant à raison des services que leur ministère rendait aux particuliers. L'écriture avait fini par tout envahir, et la preuve testimoniale, qui avait régné sans rivale dans les premiers temps de la législation romaine, dut bientôt lui céder la prééminence que son utilité et sa supériorité réelles méritaient à si juste titre. Aussi est-il permis de dire que, dans le dernier état du Droit romain, les tabellions du Forum, surtout lorsqu'ils furent réunis en corporation et qu'ils eurent pris l'habitude de faire insinuer leurs actes, offraient certains rapports avec les notaires de nos jours.

Quand la Gaule passa sous la domination romaine, les empereurs cherchèrent à détruire les mœurs et les lois de ce pays et à lui imposer les leurs; mais les constitutions des empereurs étaient peu connues dans le nord de la Gaule où les classes inférieures surtout avaient conservé leur langue, leurs mœurs, leurs coutumes. D'où l'existence certaine et incontestable, dans les Gaules, du Droit non écrit ou coutumier.

Du reste, les constitutions impériales et les jurisconsultes romains reconnaissaient la distinction du *jus scriptum* et du *jus non scriptum*.

La législation romaine s'était principalement répandue dans le midi de la Gaule. Les Romains, attirés par la douceur du climat, y étaient plus nombreux, leurs établissements plus considérables.

L'écriture étant peu répandue en Gaule, la langue latine était seule employée dans les affaires; elle n'avait sans doute pas remplacé l'idiome populaire, mais c'était la langue écrite, la langue des classes supérieures.

Les actes constatant les conventions étaient écrits soit par les *actuarii* faisant partie des bureaux du gouverneur, soit par les greffiers du conseil des curiales. L'authenticité leur était donnée, soit par la signature du gouverneur, soit par celle des magistrats de la cité, en présence desquels la convention était signée ou consentie.

Dans les villes où il n'y avait pas de magistrats, les défenseurs avaient le droit de recevoir les actes. Avaient-ils besoin du concours des curiales?

Les lois sont muettes sur ce point, mais la liaison intime des matières suffit pour l'établir, et les recueils de formules, chez les Francs, nous montrent toujours, dans de semblables circonstances, le défenseur à la tête de la curie.

L'édit de Théodoric (art. 52 et 53) exige, pour l'insinuation des donations d'immeubles, la présence de trois curiales et d'un magistrat, ou bien, à la place du magistrat, le défenseur de la cité également accompagné de trois curiales, ou bien les duumvirs.

Les recueils de formules des Francs nous donnent beaucoup d'exemples de ces actes et de ces insinuations.

L'usage de passer les actes en présence des magistrats de la cité devint bientôt une obligation. (C. Théodosien, liv. XII, tit. 1er.)

Nous avons dit que, parmi les fonctionnaires ou employés dont les préfets étaient accompagnés, se trouvaient des *actuarii*, écrivains chargés de la rédaction des contrats privés.

Ils avaient des bureaux (*stationes*) où des scribes, que l'on appelait tabellions, tabulaires, écrivaient les conventions que les citoyens venaient faire en leur présence. L'acte était signé par eux, les parties et les témoins. Si l'acte était plus tard contesté, le tabellion qui l'avait écrit et souscrit était appelé à le confirmer par serment.

Les actes du tabellion devaient en outre, pour acquérir l'authenticité, être transcrits comme les jugements sur le registre d'audience. On les appelait alors *scripturæ publicæ,* actes publics : jusque-là ils n'étaient que des écrits privés, *scripturæ forenses.*

Savigny, dans son histoire du *Droit romain au moyen-âge,* vol. I, p. 60, fait observer que les tabellions à cette époque étaient à peu près les notaires des temps modernes, en Angleterre et en Allemagne où les actes notariés ne sont pas authentiques ; c'étaient des personnes qui, sans être officiers publics, rédigeaient les transactions, les testaments, etc.

En France, les notaires ont toujours joué un rôle différent : avant la Révolution, ils exerçaient la juridiction volontaire comme délégués du pouvoir judiciaire, aujourd'hui leur autorité émane directement du pouvoir exécutif.

Cependant l'institution des *actuarii* et des *notarii* du Droit Gallo-Romain était comme une ébauche de notre institution actuelle, et il est intéressant de l'étudier dans ses développements.

Nous pouvons dès à présent constater que le Droit romain resta en vigueur dans une partie des Gaules, même après l'invasion des Germains, et nous verrons, pendant longtemps, employer, pour la constatation des conventions privées, les formes prescrites par la loi romaine.

Au Ve siècle, le monde romain s'écroule, la Gaule est définitivement occupée par les barbares, et la nation française est créée.

Chez les Francs, les transactions avaient lieu verbalement. En matière civile, aussi bien qu'en matière criminelle, la preuve testimoniale était admise sans restriction. La déclaration des témoins fut longtemps l'unique moyen de preuve, l'écriture n'était admise que comme renseignement.

Elle devait être confirmée par les témoins présents à la convention.

Les autres modes de preuve étaient l'aveu, les cojurateurs, les épreuves ; les Francs connaissaient-ils les actes authentiques ?

Pardessus, (loi Salique), se prononce pour l'affirmative.

Les actes de l'autorité royale, dit-il, doivent évidemment être considérés comme authentiques. Il existait au palais une chancellerie où des référendaires les rédigeaient, et ni le caractère public de ces rédacteurs, ni l'autorité de leurs actes, ne sauraient être mis en doute.

Les actes de juridiction volontaire constatés par jugements rendus par le roi, les jugements rendus par l'assemblée générale et par les tribunaux du Comte et du Tunginus avaient la même autorité.

Tous les autres actes étaient des actes privés, soit qu'ils aient été écrits par les contractants, soit qu'ils aient été écrits par les scribes spéciaux.

La loi des Ripuaires, titre 59, détermine le rôle de l'écrivain chargé de dresser procès-verbal des conventions qui ont lieu devant le mâl.

Si ce contrat ou procès-verbal est attaqué, le chancelier qui l'a écrit doit, en même temps que les témoins qui y sont inscrits, en affirmer par serment la vérité.

Si l'acte est maintenu, celui qui l'attaquait est condamné à quinze sols d'amende envers le chancelier.

Si l'acte est déclaré faux, le chancelier est condamné à avoir le pouce de la main droite coupé, à moins qu'il ne le rachète par une composition de cinquante sols, au profit du demandeur, et de quinze sols, au profit de chacun des témoins de celui-ci.

Le chancelier peut, dans certains cas, soutenir son serment par le combat judiciaire.

Sous l'empire de cette loi et probablement aussi sous l'empire de la législation romaine dont nous avons rappelé les principales règles dans la première partie de notre étude, il s'était créé, dans les grandes villes et près de quelques tribunaux, des espèces d'offices où les particuliers pouvaient faire rédiger leurs conventions.

Nous avons parlé du tabellion romain. Le tabulaire, ou chancelier franc, avait les mêmes attributions que lui, c'était un scribe dont la profession consistait à rédiger les volontés des particuliers.

Les actes étaient souscrits par les contractants, souvent même par le scribe seul.

Dans une charte de 662, Saint-Omer déclare qu'il est aveugle et que *alius manum tenens, scripsit atque subscripsit.* Pépin, dans une charte de 714, déclare que, ne pouvant signer, il a prié Plectrude, sa femme, de le faire pour lui.

En général, les conventions avaient lieu en présence des témoins, mais cela n'était pas indispensable.

Dans tous les cas, les scribes n'ayant aucun caractère public, l'acte n'avait aucune valeur par lui-même et n'en acquérait que lorsqu'il avait été produit devant le magistrat et affirmé sous serment par l'écrivain qui l'avait rédigé et les témoins qui l'avaient souscrit et vu rédiger.

Il ne faudrait pas conclure, de ce que nous venons de dire, que les Francs étaient obligés de constater ou faire constater leurs conventions par écrit, ou de les faire rédiger par des référendaires, chanceliers ou scribes.

Le contrat existait en dehors de l'écrit qui ne servait qu'à retrouver les témoins et à leur rappeler ce qu'ils avaient vu et entendu.

Un contrat d'achat et de vente, lisons-nous dans les formules de Marculfe (livre II-XIX), existe par la seule numération du prix et la tradition de la chose : il n'est fait usage des tablettes et des autres documents que pour rapporter fidèlement la convention et en permettre l'exacte exécution.

Cela résulte également des lois des Ripuaires, des Alemans et des Bavarois.

Les actes devaient mentionner leur date, c'est-à-dire indiquer le jour, le mois et l'année du règne du roi existant. C'est la seule règle qui paraisse avoir été prescrite pour la validité des actes privés. Etablie par la loi des Alemans, elle paraît avoir été généralement observée.

L'écriture était un moyen perfectionné de conserver la mémoire des conventions. Les Francs avaient recours en général à des moyens extrêmement curieux et bizarres pour se procurer la preuve des contrats.

Ils manifestaient leur consentement par l'emploi symbolique d'une chose quelconque se rapportant, plus ou moins directement, à l'objet de leur convention; s'agissait il, par exemple, d'une vente d'immeubles, c'était un brin de paille, une branche d'arbre, un morceau de gazon ou de terre que l'un des contractants délivrait à l'autre en déclarant sa volonté.

Cette délivrance ou tradition avait lieu en présence de témoins; en même temps qu'elle rendait la convention définitive, elle matérialisait, suivant l'expression de Pardessus, l'engagement pris par les paroles prononcées; elle en facilitait le souvenir.

Ce sujet serait sans doute fort intéressant à traiter, mais il dépasse le cadre de notre sujet.

Nous devons dire ici un mot des formules :

« Le rôle qu'ont joué les formules, dans la législation du VIe au Xe siècle, dit Laboulaye (*Histoire de la propriété foncière en Occident*, page 426), n'a point encore été étudié d'assez près. Les lois salique et ripuaire, rédigées sur des souvenirs antérieurs à la conquête, sont bonnes pour y rechercher les coutumes primitives de la Germanie, mais elles ne nous donnent qu'un crayon imparfait de l'état social après la conquête. Les formules seules, demi-romaines, demi-barbares, dans le fond comme dans le style, nous expriment nettement ce qu'était cette société de deux races différentes, société confuse et mélangée, éléments en fusion, que le lourd marteau de la féodalité devait marier et confondre.

» Les formules sont la législation de cette époque de transition ; elles font le passage des lois romaines et barbares, comme l'époque qu'elles réfléchissent fait la transition de la conquête à la féodalité ; comme toujours, l'état social se reproduit fidèlement dans les lois. »

Les recueils de formules, dont le plus célèbre est incontestablement celui de Marculfe, publié vers 660, ont été écrites à une époque dont il nous reste peu de documents ; elles nous apprennent l'origine de beaucoup d'usages existant encore, nous font connaître les coutumes de nos pères et éclairent le Droit lui-même. Ces collections de formules sont pour nous des monuments particulièrement précieux au point de vue de notre étude, car nous y trouvons tous les éléments de reconstitution des différents actes usités chez les Francs.

Les rois Francs des deux premières races, mérovingiens et carlovingiens, avaient respecté les coutumes des différents peuples soumis à leur domination ; aussi la législation germaine était-elle restée individuelle, chacun obéissant à la loi de sa nation, en quelque endroit qu'il habitât. Pépin et Charlemagne cherchèrent à centraliser peu à peu, entre leurs mains, l'administration et la justice, afin de fonder l'unité de législation. Ils envoyaient dans les comtés des représentants chargés de surveiller l'administration de la justice et de statuer sur l'appel des jugements rendus en premier ressort. C'étaient les *missi dominici.* Mais déjà les seigneurs étaient très puissants et la féodalité se préparait à la lutte contre le pouvoir central.

Au milieu de tous ces bouleversements, qu'était devenue la juridiction volontaire ?

De même que la juridiction civile ou criminelle, elle devint terrienne et patrimoniale, c'est-à-dire, qu'elle s'incorpora au domaine héréditaire du comte. Le seigneur féodal était en effet propriétaire et suzerain : à lui le droit de battre monnaie, de rendre la justice ; à lui, en un mot, la toute-puissance.

Le droit de constater les conventions volontaires était confondu avec le droit de rendre la justice.

Lorsque le comte tenait les plaids, dit Loyseau *(Traité des offices)*, tous les contrats se passaient devant lui. Mais, à côté du comte, il y avait le chancelier, que l'on désigne indifféremment sous le nom de *cancellarius* ou de *notarius,* chargé de rédiger les jugements et en même temps les actes de toute espèce. Le rôle de cet officier était des plus importants, sa déclaration sous serment faisait foi en justice ; sa responsabilité était grande ; il pouvait être appelé jusqu'à soutenir par les armes la véracité de ce qu'il avait écrit. Le plus souvent, parmi les hommes libres qui composaient le plaid ou la Cour de justice, il savait seul lire et écrire, ce qui n'était pas peu de chose à cette époque, et, en général, il avait seul des notions de Droit civil et de procédure et savait seul quelles formalités devaient être remplies pour la validité des conventions privées.

Aussi ne doit-on pas être étonné de voir Charlemagne, dans un capitulaire de 803, ordonner à ses *missi dominici* de choisir et instituer, dans chaque localité, des juges, des défenseurs, des notaires, dont ils devaient, à leur retour, lui faire connaître les noms.

Trois ans plus tard, le même empereur obligeait les évêques, abbés et comtes à avoir chacun son notaire (Capitulaire de 806, Canciani, tome III, page 286).

Ainsi, lorsque les seigneurs, s'emparant du droit de rendre la justice, devinrent hauts justiciers dans leurs duchés, comtés ou seigneuries, ils trouvèrent la juridiction volontaire presque entièrement aux mains des chanceliers qui étaient également les greffiers des Tribunaux.

Peu à peu, les comtes en vinrent à trouver trop lourde la charge de rendre la justice. Ils instituèrent des juges qui la rendirent en leur nom et devant lesquels, par suite de la confusion des juridictions, se passèrent les actes de toute nature.

D'un autre côté, un grand nombre de villes avaient conservé leurs administrations municipales ; quelques-unes même les possédaient encore au moment de l'établissement des communes. On sait que, parmi les attributions des curies, se trouvait celle de donner aux actes l'authenticité et la publicité.

Ainsi la juridiction volontaire, ou le droit d'établir et de constater les conventions privées, appartenait soit aux juges (scabins, échevins, baillis) représentant les seigneurs féodaux, soit aux magistrats municipaux.

Mais les juges et les magistrats municipaux avaient leurs clercs, greffiers, secrétaires, notaires, chanceliers.

Tous ces employés, sans aucune autorité personnelle, acquéraient, par l'exercice même de leurs fonctions, certaines connaissances spéciales qui manquaient soit à celui qui avait acheté le siége de juge, soit à celui qui avait été nommé, par le suffrage de ses concitoyens, magistrat municipal.

Leur contact continuel avec le public, joint à

cette expérience acquise, leur donnait une influence relative et leur permettait de s'assurer le
bénéfice de la rédaction des conventions pour
lesquelles la présence du juge n'était pas nécessaire.

Tout ainsi, dit Loyseau, que les actes de juridiction contentieuse, ainsi ils expédiaient seuls,
et en l'absence des juges, les actes de juridiction
volontaire qui sont les contrats; parce que, quand
les parties sont d'accord, le juge n'y a que voir.

Les prêtres étaient également rédacteurs des
contrats, testaments et donations. Un capitulaire
de Charlemagne le leur avait bien défendu, mais
cela leur fut permis plus tard.

En réalité, toute personne sachant écrire pouvait être témoin rédacteur de conventions privées. Des coutumes vagues et incertaines rem-
placèrent partout la loi écrite ; les jugements
furent basés sur l'arbitraire ou le bon plaisir des
seigneurs.

On comprend quels abus devaient naître d'un
pareil état de choses, à cette époque de désordre
et de violences où le seul droit connu et respecté
était le droit du plus fort.

Cet état de choses dura plus de deux siècles ;
cependant, l'alliance des peuples et de la royauté
commençait à porter ses fruits. Les communes
s'établissaient dans les villes, les populations se
groupaient sous leur drapeau et pouvaient enfin
respirer, se défendre contre le despotisme des

seigneurs, et administrer elles-mêmes leurs propres intérêts.

Grâce à cette sécurité plus grande, la propriété s'affermit davantage, le droit reparut, et le notariat, se constituant peu à peu, vint apporter au rétablissement de la fortune publique son puissant concours.

Enfin saint Louis, reprenant l'idée de Charlemagne, créa en 1170, pour la prévôté de Paris, soixante notaires qui furent chargés de recevoir les actes de la juridiction volontaire et de leur donner, par leur attestation, la force et le caractère de l'autorité publique.

Néanmoins, pour conserver au notariat la relation qu'il avait avec l'autorité judiciaire, il voulut que les notaires intitulassent tous leurs actes du nom du prévôt de Paris, et qu'ils n'en pussent passer aucun que dans le Châtelet, où il leur fut affecté une salle pour établir leurs bureaux; il leur imposa, en outre, l'obligation d'être toujours deux pour recevoir et attester un acte et de le porter ensemble au scelleur qui avait aussi son bureau proche de la salle, afin que, sur leur témoignage, cet officier y apposât, sous l'autorité du prévôt de Paris, le sceau de la juridiction du Châtelet.

Les seigneurs indépendants, imitèrent bientôt cet exemple.

L'institution était créée; nous allons la voir se développer rapidement.

Parmi les statuts des communes, les plus intéressants, au point de vue de notre étude, sont ceux de la ville d'Arles (de 1162 à 1202).

Arles était constituée en commune et avait sa juridiction municipale, par conséquent greffier et notaire.

Le notaire était attaché à la curie ou à la Cour de justice. Il rédigeait par écrit tous les jugements.

L'art. 64 des statuts nous montre cinq notaires attachés comme fonctionnaires publics, savoir: deux au juge, deux au consul, et un à la prison.

« *Item statuimus, quod commune habeat quin-*
» *que notarios, cives arelatis, qui sint in curiâ*
» *per totum annum continuum : duo cum consu-*
» *libus, duo cum judicibus et quintus cum clavario,*
» *et scribant acta omnia, et dentur singulis eorum*
» *pro salario trecenti solidi.* »

Les notaires sont aussi chargés de rédiger les conventions entre particuliers. L'article 65 nous apprend dans quelle forme leurs actes doivent être rédigés. C'est la forme des actes publics. Dès que le notaire a les notes, il peut différer la rédaction de l'acte, il doit conserver les notes (c'est-à-dire la minute) et délivrer des expéditions. Les statuts de la ville d'Arles imposaient donc au notaire de retenir la minute de l'acte, innovation heureuse qui modifie les usages jusque-là reçus.

De plus, les notaires, à raison du caractère public dont ils sont revêtus, confèrent la publicité et l'authenticité à leurs actes. Nous verrons qu'il n'en était pas ainsi dans les coutumes du Nord.

Nous trouvons aussi le notariat dans les actes de la Provence proprement dite aux XIII⁰ XIVᵉ et XVᵉ siècles.

Au commencement du XIIIᵉ siècle, les coutumes de Montpellier nous montrent les notaires revêtus du même caractère que ceux de la ville d'Arles, et ayant les mêmes attributions.

A Carcassonne, un écrit était exigé pour tous les contrats. Aussi l'article 102 des statuts de la ville nous parle-t-il de la nécessité des notaires.

Existait-il, à cette époque, des notaires à Toulouse ?

Les coutumes de Tholose, de 1283, nous en donnent la preuve évidente.

Le titre : *de fide instrumentorum* comprend trois articles : L'article 1ᵉʳ nous fait connaître que les actes publics étaient rédigés par un notaire. L'article 2 porte que les actes notariés sont valables, bien que la cause de l'obligation n'y soit pas énoncée, tandis que les actes sous seing privé ne font foi en justice qu'autant que la cause y est exprimée.

Enfin l'article 3 nous dit que la copie de l'acte notarié fait pleine foi, ainsi que les copies des copies certifiées par le notaire.

Le notariat au XIIIᵉ siècle était donc organisé dans le midi de la France. Voyons s'il en était de même dans les pays du Nord. On pourrait croire que notre institution n'y était pas connue, car les Coutumiers écrits sur le droit des pays du Nord n'en parlent pas. Ainsi nous n'en trouvons pas trace dans Beaumanoir, le plus complet des Coutumiers de son temps. Mais si cet auteur n'en parle pas, c'est qu'une autre classe de fonctionnaires remplissait les fonctions notariales : c'étaient les baillis. Après avoir dit qu'on pouvait s'adresser à eux pour faire rédiger toute espèce de conventions, Beaumanoir nous donne la formule de leurs lettres et les diverses clauses qu'on y inséfait, entr'autres celle d'obligation générale par laquelle on obligeait soi et ses hoirs ; celle de renonciation générale à toute exception et de renonciation spéciale au privilége attaché à son état ou à sa qualité, ce qui empêchait d'attaquer l'acte en justice (Beaumanoir, Cout. de Beauvoisis, chap. XXXV, § 29).

Quant à l'autorité de ces lettres, le paragraphe 6 nous apprend qu'elles font pleine foi en justice et qu'elles emportent exécution immédiate, sans ajournement ni instance, à moins qu'il n'y ait des ratures, des surcharges, ou que le sceau ait été brisé, ou bien encore à moins que l'on demandât à prouver, par le gage de bataille, qu'elles ont été mauvaisement et faussement impétrées.

Les lettres de bailli étaient trop avantageuses pour que l'on pensât aux actes notariés. Le Coutumier d'Artois parle cependant d'actes reçus par un notaire ou tabellion, actes qui faisaient pleine foi en justice, mais n'avaient pas force exécutoire.

Nous devons ici nous occuper d'une institution curieuse, analogue au notariat, et qui existait, à cette époque, à Metz : nous voulons parler des

Amanuenses, dénomination qui, sous l'influence de la langue romane, se transformera, au XIVe siècle, en l'expression d'Aman.

Au XIIe siècle, Metz était au pouvoir des Allemands; ses institutions laissaient beaucoup à désirer; la force y faisait loi, et le duel judiciaire était en pleine vigueur.

Il en fut ainsi jusqu'en 1178, époque de l'arrivée à Metz de l'évêque Bertrand qui était un grand clerc en Droit civil. Cet évêque fit de grandes réformes. Il décida que, désormais, tous les contrats seraient rédigés par écrit et déposés dans un coffre emmuré dans chaque église paroissiale de Metz; de plus, il nomma deux jurisconsultes *(prudentes)* chargés de la garde de ces coffres appelés *arcæ.*

Une contestation s'élevait-elle à l'occasion des titres qui y étaient déposés, les jurisconsultes venaient faire connaître en justice le contenu de l'écrit, et on ajoutait foi à leur déposition. Plus tard, ils donnèrent leur attestation par écrit, et c'est alors qu'on les appela *Amanuenses,* d'où leur est venu le nom d'Amans que nous trouvons dans une charte du XIVe siècle; cette charte constate l'accord des Amans de Metz pour la rédaction des testaments, des actes d'obligation et d'hypothèques. Cette institution dura plusieurs siècles; elle subsista même après l'annexion de Metz à la France, sous Henri II, malgré l'établissement, dans cette ville, des notaires français. La coutume de Metz, en 1613, déclare même ceci :

« N'emporte hypothèque l'obligation passée
» devant notaire que du jour qu'elle est mise en
» arche d'Aman (Art. 1, t. IV). »

Un arrêt du Conseil d'Etat du 23 mars 1728
vint enfin abolir cette institution pour lui substituer les notaires.

Par une ordonnance du mois de mars 1302,
Philippe-le-Bel s'était réservé, comme royal, le
droit d'établir, dans l'étendue de ses domaines,
des notaires, à l'instar de ceux de Paris, sans porter toutefois atteinte aux droits des seigneurs
hauts justiciers, fondés en possession ancienne,
d'établir des notaires dans leurs terres (1). Malgré
cette restriction apparente, mise à l'exercice du
pouvoir royal, le principe en soi n'en était pas
moins posé, car si la justice était alors l'un des
attributs de la propriété, c'était cependant reconnaître au roi la suprême justice ; c'était, en
un mot, en faire le supérieur féodal de tout le
royaume.

Au moyen des garanties que Philippe-le-Bel
exigeait des notaires, de ses domaines, et dans
lesquelles les parties devaient trouver une sauvegarde pour leurs intérêts, il espéra affaiblir et
diminuer le ministère des notaires seigneuriaux
qui, d'ailleurs, ne purent même depuis passer
d'actes que dans le ressort de la haute justice en
laquelle ils étaient établis et entre ceux qui en
ressortissaient.

(1) Fontanon, Ordonnances, t. I, p. 556.

En un mot, ce prince s'efforça surtout de substituer au régime féodal, qui couvrait le royaume de seigneurs indépendants, un réseau d'officiers royaux dont sa puissance fut le centre (1).

Les notaires étaient donc divisés en trois classes : notaires royaux, qui exerçaient en vertu de provisions délivrées par le Roi et dans le ressort des bailliages et sénéchaussées auxquels ils étaient attachés, excepté ceux de Paris, de Montpellier et d'Orléans qui avaient obtenu le privilége de pouvoir instrumenter dans toute la France : notaires seigneuriaux, nommés par les seigneurs justiciers, dont la juridiction était bornée au ressort de la justice qui les avait établis et qui ne pouvaient recevoir d'actes que pour les habitants du lieu ressortissant à cette justice.

Enfin notaires apostoliques, créés principalement pour les prises de possession de bénéfices et pour les autres actes ecclésiastiques.

Le roi ayant ainsi ses notaires royaux, le tabellionage devint une institution municipale, ainsi que cela résulte de quelques anciens monuments. Le tabellionage était l'institution locale, et le notariat l'institution centrale qui finit par absorber l'autre.

Par une autre ordonnance du mois de juillet 1304, le même Philippe-le-Bel donna un premier réglement organique du notariat et obligea

(1) Chéruel, *Histoire communale de Rouen*, t. I, p. 180.

les notaires de tenir des registres ou protocoles de leurs actes. Mais cette obligation ne fut pas étendue aux notaires de Paris qui continuèrent à recevoir leurs actes sur des feuilles volantes, appelées briefs ou cédules, qu'ils remettaient aux parties.

Charles VII, par son ordonnance du 1er décembre 1437, les fit rentrer dans le droit commun.

On a vu, dans la première partie de cet ouvrage, qu'à Rome les fonctions de notaire étaient distinctes de celles de tabellion ; que le notaire faisait la retenue de l'acte et que le tabellion le mettait au net, le rédigeait. Les soixante notaires créés par Louis IX pour Paris, cumulaient ces deux fonctions. C'étaient eux qui recevaient la minute de l'acte et qui, en même temps, le grossoyaient. Mais, dans les autres parties de la France, on adopta l'usage suivi par les Romains. François Ier, dans son ordonnance de novembre 1542, décida que, désormais, les juges ne pourraient plus recevoir de contrats, que la rédaction des actes serait dévolue aux notaires et qu'il y aurait empiétement, de la part des juges, s'ils en recevaient, empiétement dont la sanction consistait dans la nullité de l'acte et dans une peine sévère infligée au magistrat.

Il consacra en outre l'usage antérieur en créant des notaires et tabellions, en titre d'office, dans toutes les juridictions royales, et attribuant aux seconds le droit exclusif de délivrer les grosses des actes qui étaient reçus par les premiers.

On pensa peut-être que des attributions spéciales seraient une plus grande garantie d'ordre, d'exactitude et de régularité : nous serions plutôt porté à croire que cette nouvelle organisation avait été faite dans un but fiscal, et ce qui nous le prouve, ce sont les baux à ferme de ces offices consentis par François Ier.

Seuls les notaires de Paris purent cumuler les deux charges de notaire et de tabellion.

Comme le droit de sceau était depuis longtemps royal, la même ordonnance créa des offices de gardes-scelleurs pour apposer le scel de la juridiction sur tous les jugements et contrats.

Les fonctions de nos notaires actuels étaient ainsi divisées entre plusieurs classes d'officiers ; mais cette distinction, née dans le principe des besoins du Trésor, était une source d'embarras et de difficultés.

Aussi l'édit de 1597-1604 vint-il la faire disparaître, du moins en partie, en réunissant les fonctions de notaire-tabellion-garde-notes, pour les faire remplir par une seule classe de fonctionnaires qui reçurent le nom de notaires avec mission de rédiger les actes, les conserver et en délivrer des expéditions. Seuls les offices de garde-scel des contrats subsistèrent encore jusqu'à ce que Louis XIV vint, par l'édit de 1706, les supprimer et les réunir à ceux des notaires, qui, à partir de ce moment, eurent chacun un sceau aux armes du roi, pour l'apposer eux-mêmes sur ceux de leurs actes qui y seraient sujets.

Le notariat était, dès lors, à peu près organisé comme il l'est de nos jours et il se maintint, sans notable changement, jusqu'au moment de la Révolution de 1789.

Ce n'est pas à dire pour cela qu'il n'y ait pas eu d'ordonnances rendues pendant cette longue période de deux siècles. Il y en a eu un grand nombre, mais elles se sont bornées à tracer des règles de détail relatives aux formes des actes et aux devoirs des notaires, ou à reproduire des dispositions des ordonnances antérieures qui n'avaient pas été exécutées. La plupart de leurs prescriptions se trouvent reproduites dans la loi organique du notariat (25 ventôse, an XI) qui forme la base de notre institution dans le Droit actuel.

Mais, avant de passer à l'étude de la législation qui nous gouverne, nous devons nous poser une double question :

D'abord, quels étaient, sous l'empire de l'ancien Droit, les effets attachés à l'acte notarié ? Quelle foi lui était due ?

EFFETS DE L'ACTE NOTARIÉ DANS L'ANCIÉN DROIT.

Contre qui l'acte produisait-il ses effets?

« *Res inter alios acta aliis neque nocere neque prodesse potest* », disait une ancienne maxime. Est-elle applicable dans notre matière? Tous les auteurs sont d'accord sur ce point.

Dumoulin, le plus clair et le plus précis de tous, nous le dit formellement: entre les parties contractantes, leurs héritiers ou ayants-cause, l'acte produit tous ses effets, *inter quos confectum est eorum heredes vel causam habentes plene probat et præjudicat.* Mais, vis-à-vis des tiers, *inter extraneos,* l'acte ne peut produire aucun effet; il est considéré comme non avenu, *illis non præjudicat, quia res inter alios acta, non nocet, nec obligat, nec facit jus inter alios.* Ce sont encore les principes de notre Droit actuel.

Ce point nettement posé, occupons-nous des effets que l'acte notarié produisait *inter partes.* Les deux principaux étaient les suivants :

Il emportait hypothèque, et il avait force exécutoire.

1º L'hypothèque notariée. Au début, les notaires avaient pris l'habitude d'insérer dans les contrats la clause de convention d'hypothèque sur tous les biens. On finit par considérer cette clause comme de style, on la sous-entendit et on établit, comme règle, que la solennité seule de l'acte faisait naître une hypothèque générale sur les biens du débiteur.

Ce principe était admis par la plupart des coutumes. Cependant, à côté d'elles, il y avait des coutumes en plus petit nombre qui exigeaient l'accomplissement de certaines formalités : nous voulons parler des coutumes d'ensaisinement et de nantissement.

Dans les coutumes de nantissement, (enregistrement du contrat au greffe de la justice du lieu où les héritages sont situés), l'hypothèque datait seulement du jour du nantissement.

Lorsque le créancier hypothécaire ne s'était pas fait nantir, il ne pouvait pas assigner en déclaration d'hypothèque celui qui avait acquis un immeuble du débiteur.

Dans les coutumes d'ensaisinement, le contrat devait être ensaisiné par le juge du seigneur, ou par le seigneur lui-même, en présence de deux témoins (coutume de Senlis).

Cependant, quoique n'étant pas ensaisiné, le contrat passé pardevant notaire emportait hypothèque, mais elle n'était opposable qu'aux créanciers chirographaires. La saisine, pour avoir son effet, devait être prise avant la saisie réelle.

Les coutumes, qui avaient fait résulter une hypothèque générale de la seule authenticité des contrats notariés, ne tardèrent pas à reconnaître le même effet aux actes émanés de la juridiction contentieuse ; c'était une conséquence logique et naturelle du principe admis, car le juge est revêtu du même caractère d'autorité que la personne du notaire. L'hypothèque judiciaire fut créée. Si cette dernière passa dans notre Code civil actuel, il n'en fut pas de même de l'hypothèque notariée. Les lois de la période intermédiaire l'abolirent tacitement en ne la mentionnant pas au rang des hypothèques volontaires ou forcées.

La loi du 11 brumaire, an VII, qui organise la publicité et la spécialité de l'hypothèque, déclare bien, dans son article 3, que l'hypothèque existe, mais à la charge d'inscription.

1º Pour une créance garantie par acte notarié.

Il semble à ne s'en tenir qu'à cet article 3, 1º que la loi de brumaire faisait résulter l'hypothèque de la seule authenticité des actes notariés, sauf la condition de l'inscription.

Mais, si on le rapproche des articles 4 et 9, on voit que le législateur a voulu exprimer seulement que la convention d'hypothèque ne pouvait être faite que par acte notarié. Cette intention se manifeste nettement dans les travaux préparatoires de la loi, notamment dans le rapport au Conseil des Cinq Cents par Monsieur Jacqueminot : « Toute hypothèque, dit-il, dérive ou d'une convention notariée, ou de la loi, ou d'un jugement.»

Le législateur de 1804 n'a pas reconnu non plus aux actes authentiques le pouvoir de conférer hypothèque, indépendamment d'une convention expresse. (Art. 2129.)

2º Force exécutoire des actes notariés.

Dans notre Droit actuel, la formule exécutoire ajoutée aux actes notariés donne à ceux-ci exécution parée ; en d'autres termes, elle les rend exécutoires par eux-mêmes sur la simple réquisition des parties intéressées et indépendamment de toute sanction judiciaire.

Dans l'ancien Droit, cet effet résultait de l'apposition du sceau royal sur tous les actes de la juridiction volontaire ou contentieuse ; le créancier, porteur du titre, pouvait, dès lors, employer tous les moyens que la loi accorde pour contraindre les personnes à exécuter les obligations qu'elles ont contractées.

Contre quelles personnes peut-on employer ces moyens ? Quelles sont ces voies d'exécution ? Telles sont les deux questions que nous devons brièvement examiner :

1° Contre qui peut-on exécuter ? Naturellement l'acte est susceptible d'exécution contre toutes les personnes vis-à-vis desquelles il produit ses effets. Il en était ainsi dans le dernier état de notre ancien Droit ; mais, antérieurement, les voies d'exécution n'étaient permises que contre le débiteur seul et, comme nous le dit le guidon des praticiens, si le débiteur vient à mourir, l'acte n'a plus de force exécutoire, le créancier n'a que la voie de l'action contre le nouveau débiteur. Ainsi, pas de recours par voie d'exécution contre l'héritier, bien qu'il soit le continuateur de la personne du défunt. Cependant cette maxime

est propre aux XIIIe et XIVe siècles, car, aupa-
ravant, on appliquait strictement les règles de la
saisine. L'héritier, étant continuateur de la personne, était investi de tous les droits de son auteur et soumis à toutes ses obligations, à l'exécution desquelles il pouvait être contraint par tous
les moyens que la loi accordait contre le premier
débiteur.

2° Quels étaient ces moyens d'exécution? Si
le débiteur refusait d'exécuter l'obligation qu'il
avait contractée, le créancier avait deux moyens
pour l'y contraindre :

1° La saisie de tous ses biens, saisie qu'il pouvait toujours pratiquer, à moins que le débiteur
ne voulût garnir la main de son créancier, c'est-à-
dire lui fournir caution.

2° La contrainte par corps, admise dans la
législation romaine, où elle produisait les effets
les plus désastreux pour le débiteur contre lequel
elle était exercée, était aussi reconnue par notre
ancien Droit dans certaines provinces; mais le
débiteur pouvait s'y soustraire en faisant cession
de tous ses biens à ses créanciers : cette cession
le libérait complétement de toute poursuite.

Ces deux voies d'exécution qui, dès le principe, étaient admises tant contre les héritiers du
débiteur que contre le débiteur lui-même, à
cause des effets rigoureux de la saisine, ne furent
plus permises, à partir du XIIIe siècle, que contre le débiteur seul qui n'avait pas fait cession

de biens. Les héritiers étaient à l'abri de ces voies d'exécution.

Ce n'est pas à dire pour cela que le créancier n'eût aucun moyen pour les contraindre à exécuter l'obligation contractée par leur auteur; le laisser pour ainsi dire à la merci des héritiers, c'eût été contraire à tous les principes; aussi lui accordait-on deux actions : l'une personnelle et divisible entre tous les héritiers, l'autre hypothécaire et indivisible en vertu de la saisine.

FOI DUE A L'ACTE NOTARIÉ DANS L'ANCIEN DROIT

Nous avons vu que les greffiers de juges, lorsqu'ils eurent pris l'habitude de rédiger les actes, leur donnèrent l'authenticité et en assuraient la foi et l'exécution par le dépôt qu'ils en faisaient au greffe du juge auquel ils étaient attachés. Lorsque les fonctions de notaire et de greffier furent séparées, les notaires conservèrent le privilége de conférer l'authenticité à leurs actes et d'en assurer la foi. Pourtant, si une partie en cause se prétendait victime d'un dol ou d'une erreur, on lui permettait d'attaquer l'acte et de prouver sa fausseté par tous les moyens.

Un seul témoin qui nie, dit le guidon des praticiens, fait vaciller l'acte ; s'ils sont deux, l'acte tombe.

C'était se montrer trop facile que de subor donner la foi de l'acte à la déposition d'un ou deux témoins. On le comprit de bonne heure, et au XVIe siècle, la preuve testimoniale n'était plus admise contre le contenu d'un acte public ; l'inscription de faux seule pouvait le faire tomber, c'était lui donner une grande force ; cette force il l'a conservée dans l'ancienne jurisprudence et la conserve encore de nos jours, où l'inscription de faux est entourée de plus grandes difficultés.

Mais contre qui l'acte faisait-il foi ? De quoi faisait-il foi ? Telles sont les deux questions qu'il nous reste à examiner.

L'acte authentique prouve, à l'égard des tiers comme à l'égard des parties contractantes, *erga omnes,* que la convention qu'il relate est réellement intervenue. Il prouve *rem gestam,* comme le dit Dumoulin, et nul n'est admis à en contester la sincérité, si ce n'est pas la voie de l'inscription de faux.

Cette solution n'est pourtant vraie qu'en ce qui a trait aux conventions principales relatées dans l'acte. Quant aux clauses accessoires contenant diverses énonciations qui peuvent y être exprimées, si elles ont un rapport direct à la convention principale, elles feront foi, tant à l'égard des tiers qu'à l'égard des parties ; par exemple, la reconnaissance du paiement d'une partie du capital, faite à l'occasion du renouvellement d'un titre, fera foi à l'égard de tous, car s'il s'agit d'un aveu ou reconnaissance de la partie, l'acte fera foi relativement à cet aveu ; mais, si cet aveu est mensonger, on pourra la faire tomber sans avoir recours à l'inscription de faux, car l'acte ne prouve pas la vérité des aveux ou des assertions faites devant le notaire.

Quid des énonciations qui n'ont pas un rapport direct à la disposition principale de l'acte ? Ces énonciations feront foi à l'égard des parties, mais ne pourront, en aucune sorte, lier les tiers intéressés à en contester la vérité ; par exemple, la déclaration de l'existence d'une servitude au profit d'un fonds sur un autre fonds : cette déclaration ne fera pas foi vis-à-vis des tiers, propriétaires du fonds prétendu asservi, qui pourront prouver, par tous les moyens de droit, que la servitude n'existe réellement pas, à moins que cette servitude ne se trouvât indiquée dans plusieurs actes ; dans ce dernier cas, la maxime « *In antiquis enonciativa probant* » serait applicable (Dumoulin, nº 77) même aux droits imprescriptibles, c'est-à-dire qui ne pouvaient s'acquérir par le long usage seul. Il n'en était plus ainsi du temps de Pothier. Ce dernier auteur exige, en effet, pour appliquer cette maxime, que l'énonciation du droit soit soutenue par la longue possession. « Quoique le long usage n'attribue pas le droit de servitude, néanmoins, si ma maison a depuis longtemps une vue sur la maison voisine et que, dans les anciens-contrats d'acquisition, il soit énoncé qu'elle a ce droit de vue, ces anciens contrats, soutenus de ma possession, feront foi du droit de vue contre le propriétaire de la maison voisine, quoiqu'il soit un tiers et que ses auteurs n'aient jamais été parties dans ces contrats. » (Pothier, *Traité des obligations,* n° 760.)

Les auteurs étaient peu d'accord sur la durée de cette longue possession, et leur divergence s'étendait du minimum de dix ans au maximum d'un siècle.

Ainsi, dans le dernier état de notre ancienne jurisprudence, la maxime « *In antiquis enonciativa probant* » ne signifie pas que ces énonciations peuvent remplacer un titre à l'égard des tiers. Elle signifie seulement que des clauses répétées souvent dans des titres prouvent la possession de ceux qui ont transmis l'immeuble ; elle ne s'applique donc pas aux droits qui ne peuvent pas s'acquérir par prescription.

Pour résumer, en un mot, tout ce que nous avons dit sur la foi de l'acte authentique, nous dirons que l'acte fait pleine foi, à l'égard des parties, de toutes les déclarations qui ont été faites devant le notaire, et qu'à l'égard des tiers, il fait foi de tous les faits que le notaire atteste par sa signature : par exemple, la numération des deniers.

Nous verrons que tous les principes admis par notre ancienne jurisprudence ont été maintenus par le législateur de ventôse et par les rédacteurs du Code civil actuel.

9

LÉGISLATION INTERMÉDIAIRE

Nous venons d'étudier les diverses phases par lesquelles le notariat avait passé dans l'ancien Droit.

Il fallait s'attendre à le voir modifier encore pendant l'époque mémorable de la Révolution de 1789, où les idées qui dominaient devaient faire prévoir la ruine des vieilles institutions. Le notariat, qui se montrait avec ses formes monarchiques, ne devait pas être épargné. Comment admettre des notaires royaux, seigneuriaux et apostoliques, en présence d'une Révolution qui dépouillait la royauté de ses prérogatives, abolissait le système féodal et détruisait toute la puissance et l'autorité du clergé ? Toutes ces distinctions entre les divers notaires furent supprimées et remplacées par une seule classe de fonctionnaires, sous le titre de notaires publics. On avait même contesté l'utilité des notaires et proposé leur abolition, mais la marche des transactions sociales prouvait le peu de fondement d'une telle proposition. On se contenta d'abolir la vénalité et l'hérédité des offices. (Décret du 29 septembre, 6 octobre 1791, art. 1er.) L'organisation complète du notariat était nécessaire ; mais on ne pouvait l'espérer qu'après les derniers excès de l'anarchie révolutionnaire, qu'après le retour du calme et de la sécurité dans la France ébranlée par de longues agitations. Cette organisation fut l'objet de la loi du 25 ventôse, an XI (16 mars 1803).

Il ne faudrait pas croire que cette loi ait constitué un droit nouveau, une institution tellement moderne qu'on n'y retrouve rien des lois antérieures : on y remarque que les législateurs ont puisé dans les anciennes ordonnances de nos rois et dans la jurisprudence des parlements. Ils avaient, en effet, des documents précieux dont ils devaient s'enrichir et qu'il suffisait de mettre en ordre et de disposer d'après un nouveau plan qui donnât à l'œuvre le caractère d'homogénéité nécessaire, surtout dans les ouvrages de législation.

Cependant la loi de ventôse contient quelques innovations, notamment la définition complète de l'authenticité des actes et de leur force exécutoire et l'établissement des Chambres de discipline gardiennes de la dignité du corps des notaires et protectrices des intérêts sociaux, exerçant une magistrature moins sévère qu'indulgente, écoutant les plaintes et terminant à l'amiable les débats sur des questions disciplinaires entre les membres de la communauté, ou entre les notaires et leurs clients.

En un mot, la loi du 25 ventôse, an XI, qui régit aujourd'hui l'institution du notariat, fait du notaire le législateur privé qui donne aux volontés particulières l'immutabilité et la fixité de la loi, le juge volontaire qui condamne les hommes de leur plein gré, à l'exécution de leurs conventions, l'avocat commun qui plaide à la fois les intérêts de toutes les parties qui comparaissent devant lui. Il est, relativement à l'acte qu'il reçoit, un témoin irrécusable; sa signature est le sceau de la vérité. Le contrat émané de lui porte par cela même un tel caractère d'authenticité, qu'on peut dire que cet officier est le dépositaire de la foi publique, le conservateur de l'équité, le soutien et le garant des mœurs. *(Dictionn. du notariat,* vº notaire, § 1er, nº 50.)

Quelles garanties de savoir et de probité ne doivent-ils pas remplir ceux qui se destinent à ces nobles fonctions!

Aussi est-ce avec raison, pensons-nous, qu'on a reproché à la loi du 25 ventôse, an XI, d'exiger seulement des aspirants au notariat des conditions toutes pratiques, sans requérir d'eux, en même temps la possession d'un diplôme justifiant de connaissances juridiques suffisantes, ainsi que cela est exigé pour les autres fonctionnaires. Les notaires ne sont plus aujourd'hui de simples scribes, des écrivains publics chargés de prêter le secours de leur plume à ceux que leur ignorance de l'écriture empêche de rédiger leurs conventions. Le notariat est une sorte de magistrature domestique qui nécessite chez ceux qui en sont investis la connaissance approfondie du Droit et des lois. Or, c'est là une science qui ne saurait s'acquérir par la seule pratique.

La loi du 28 avril 1816 ayant rétabli indirectement la vénalité pour les offices de notaires, l'absence de qualités sérieuses, de capacité, fait que souvent leur acquisition est une pure spéculation. Qu'en résulte-t-il? C'est qu'aux yeux de bien des gens, la profession de notaire semble aujourd'hui indigne d'un homme de mérite, et le premier venu, pourvu qu'il ait de quoi payer sa charge, est jugé en état de la remplir. Qu'on y prenne garde! Le prestige, qui entourait jadis le notariat, va s'affaiblissant de jour en jour. Pour le faire renaître, il n'y a qu'un moyen, c'est d'exiger que les notaires soient à la hauteur de leur mission. Sans doute la possession d'un diplôme pourra ne pas remplir entièrement ce but, mais, du moins, elle suffira pour écarter ceux qui, n'ayant jamais rien fait par eux-mêmes, ne voient, dans cette profession, qu'une industrie lucrative dont l'exploitation n'exige ni préparation, ni savoir.

DROIT FRANÇAIS

DE L'ACTE AUTHENTIQUE NOTARIÉ

NOTIONS PRÉLIMINAIRES

DE L'AUTHENTICITÉ

L'acte authentique est celui qui fait foi par lui-même, de telle façon qu'il suffit de le représenter pour commander l'obéissance, et qu'on est obligé d'y déférer sans pouvoir en exiger la vérification préalable. La loi déclare à tous les citoyens, juges et justiciables, administrateurs et administrés, que confiance pleine et entière est due aux faits attestés par un tel acte.

Le caractère souverain attribué à cette nature d'actes ne repose pas seulement sur une fiction ;

il est fondé sur une présomption de vérité. Ce n'est pas au hasard, en effet, que la loi consacre le témoignage des officiers publics dont émanent les actes authentiques.

Ils sont considérés comme gens de probité, incapables de tromper, de certifier rien d'inexact ; leur institution par le choix du chef de l'Etat, le serment exigé à leur entrée en fonctions sont considérés comme des garants de leur fidélité. C'est là, en fait, le motif qui sert de base à la présomption de vérité qui s'attache aux actes de leur ministère.

L'importance immense de cette règle du Droit civil ne peut échapper à personne ; il est facile de comprendre qu'elle est établie dans des vues d'ordre public et pour le plus grand avantage de tous. Il est bien certain qu'en thèse générale, nulle écriture ne fait foi par elle-même : on ne peut raisonnablement être tenu de s'en rapporter à une allégation écrite, quelle que soit la main qui l'ait tracée.

La vérification par une voie légitime est indiquée par le bon sens et l'équité, mais ces doutes que soulèvent les écritures, les constatations qu'elles nécessitent habituellement sont une source de difficultés et de lenteurs sans fin : la société, reposant sur la foi due à certains écrits, a besoin d'être rassurée et éclairée avec promptitude : de là la nécessité d'une nature d'actes qui portassent avec eux la certitude et presque inévitablement la vérité.

C'est pour remédier à ces inconvénients et pour que toutes choses ne restassent pas sous le coup d'une suspicion et sous la menace d'une vérification, que la sagesse du législateur a donné un caractère public à l'acte authentique.

La loi, assurément, ne suppose pas que la signature des officiers est connue de tous ceux sous les regards desquels elle doit passer ; mais elle se fonde sur une espèce de notoriété plutôt de droit que de fait. De même qu'elle présume que ses dispositions ne sont ignorées de personne, en quelque matière que ce soit, elle présume aussi que la signature de l'officier public est connue de tout le monde.

Cependant, quelque confiance qu'inspire la signature d'un officier public et malgré la présomption de notoriété qui la protége, elle ne peut, dans tous les cas, être admise sans une sorte de vérification et de contrôle préalable. Ainsi le législateur n'a pas voulu que l'on fût obligé de se soumettre à un acte émané d'un officier public et attesté seulement par sa signature, lorsque cet acte avait été passé dans un lieu éloigné de celui où il doit recevoir son exécution. Pour prévenir des erreurs et des abus possibles, il a exigé que l'on recourût d'abord à une formalité simple et conservatrice de tous les intérêts, celle de la légalisation.

La légalisation, suivant Pothier, est une attestation donnée par le juge du lieu, par laquelle ce magistrat certifie que l'officier qui a reçu et signé l'acte est effectivement officier public.

Le défaut de légalisation ne nuit point à l'authenticité de l'acte, il peut seulement en faire suspendre l'exécution jusqu'à ce que cette formalité ait été remplie (1).

Indépendamment de la légalisation, la loi impose aux notaires l'obligation d'avoir un cachet ou sceau particulier dont les grosses et expéditions doivent porter l'empreinte (Loi du 25 ventôse, an XI, art. 27). Cette précaution, utile encore, n'est cependant nécessaire ni à l'authenticité de l'acte, ni à son exécution.

On distingue quatre sortes d'actes authentiques :

1º Les actes législatifs ;

2º Les actes judiciaires ;

3º Les actes administratifs ;

4º Les actes notariés.

L'acte notarié, voilà l'acte authentique par excellence, c'est à lui que nous bornerons cette étude ; car, outre son importance pratique, c'est à lui seul que se rapportent toutes les dispositions du Code civil. Son étude, d'ailleurs, peut dispenser de toutes les autres, puisque ce sont les mêmes règles qui, au fond, doivent s'appliquer toutes les fois qu'il s'agit d'authenticité.

(1) Cass., 10 juillet 1817 (S., 18, 1, 385).

DE L'ACTE AUTHENTIQUE NOTARIÉ

PREMIÈRE PARTIE

CONDITIONS ESSENTIELLES POUR LA VALIDITÉ DE L'ACTE NOTARIÉ

L'authenticité, avons-nous dit, est une véritable institution sociale, établie pour prévenir les
contestations sur la preuve des actes ou des conventions; c'est l'attestation d'un fait par une autorité publique, et son effet principal est de donner aux actes une force probante opposable à
tous les citoyens.

Rien d'étonnant, dès lors, que le législateur se
soit montré exigeant pour les conditions que ces
actes doivent remplir et qu'il les ait entourés de
nombreuses et minutieuses précautions.

Les conditions essentielles pour la validité de
l'acte notarié peuvent se ranger dans trois classes : elles ont trait à la capacité du notaire, à sa
compétence, à la forme des actes. Presque toutes
les règles concernant cette importante matière
se trouvent renfermées dans la loi du 25 ventôse,

an XI, qui est restée, même de nos jours, la loi organique du notariat français. Les lois postérieures sont venues seulement modifier quelques points de détail.

CHAPITRE PREMIER

CAPACITÉ DU NOTAIRE

Le notariat est une sorte de magistrature domestique qui nécessite chez ceux qui en sont investis une connaissance approfondie du Droit et des lois. L'importance de leurs fonctions a été mise en lumière par l'auteur de l'exposé des motifs de la loi de ventôse, lorsqu'il disait :

« A côté des fonctionnaires qui concilient et jugent les différends, la tranquillité publique appelle d'autres fonctionnaires, qui, conseils désintéressés des parties, aussi bien que rédacteurs impartiaux de leurs volontés, leur faisant connaître toute l'étendue des obligations qu'elles contractent, rédigeant ces engagements avec clarté, leur donnant le caractère d'un acte authentique et la force d'un jugement en dernier ressort, perpétuant leur souvenir et conservant leur dépôt avec fidélité, empêchent les différends de naître entre les hommes de bonne foi et enlèvent aux hommes cupides, avec l'espoir du succès, l'envie d'élever une injuste contestation. Ces conseils désintéressés, ces rédacteurs impartiaux,

cette espèce de juges volontaires qui obligent ir-
révocablement les parties contractantes, ce sont
les notaires. »

On conçoit, dès lors, qu'il fallait subordonner
l'exercice d'une semblable profession à certaines
conditions de capacité et de moralité propres à
offrir des garanties sérieuses aux familles qui
vont mettre pour ainsi dire leur sort entre les
mains du notaire.

La loi du 25 ventôse, an XI, dans les articles
35 à 50, exige, de ceux qui se destinent au notariat, l'exercice des droits civils et politiques, l'âge
minimum de 25 ans, un stage plus ou moins
long, suivant la classe de l'étude dans laquelle il
a été accompli, un certificat de moralité et de
capacité émanant de la Chambre de discipline
du ressort. Les notaires reçoivent en outre, puisqu'ils sont fonctionnaires, l'investiture du chef
de l'Etat qui seul peut leur conférer leur titre, et
ils ne peuvent entrer en fonctions, après l'avoir
reçu, que lorsqu'ils ont prêté, devant le Tribunal
civil de leur ressort, serment de remplir avec
exactitude et probité leurs devoirs profession-
nels.

Lorsque toutes ces conditions se trouvent
réunies dans la personne du notaire, sa capacité
juridique est parfaite, la loi n'ayant pas exigé la
justification de connaissances théoriques, ni la
production d'aucun titre universitaire. Il peut,
dès lors, instrumenter, c'est-à-dire conférer l'authenticité aux actes dans les limites de sa compé-

tence; il devient le délégué direct et spécial du pouvoir exécutif, pour rendre exécutoires tous les actes et contrats pour lesquels les parties ont requis son ministère. L'autorité des notaires n'est plus, en effet, comme on le pensait autrefois, une émanation de l'autorité judiciaire, mais une délégation immédiate de la puissance exécutive.

La qualité de notaire peut manquer au rédacteur de l'acte dans diverses hypothèses.

Ecartons tout d'abord le cas le plus grave, mais le plus difficile à supposer dans la pratique, celui où un homme complètement étranger au notariat en aurait usurpé les fonctions. Alors l'erreur des parties qui auraient pris pour notaire, sur sa simple déclaration, celui qui n'avait pas même de caractère officiel apparent, serait tellement grossière qu'elle ne mériterait aucune indulgence.

Mais nous pouvons supposer qu'un notaire, quoique régulièrement nommé, ne remplissait pas les conditions exigées par la loi pour exercer ses fonctions. Quelle sera la valeur des actes qui auront été passés par lui ?

La législation romaine validait, dans une espèce analogue, les actes faits par un fonctionnaire incapable. Un esclave, nommé Barbarius Philippus, avait réussi à se faire nommer préteur; fallait-il annuler les actes qu'il avait faits en cette qualité ou les laisser subsister ? Le jurisconsulte Ulpien (L. 3, D., *de off. præt.*) déclara, en invoquant de sérieux motifs de sécurité générale et d'utilité publique, qu'il fallait tenir ces actes comme valables.

Cette décision doit encore, il nous semble, prévaloir de nos jours. C'est qu'en effet, il n'appartient pas aux particuliers d'aller contrôler les actes de l'autorité supérieure et des fonctionnaires; tant que le gouvernement n'a pas retiré à l'officier public incapable sa commission, foi est due à ses actes, et c'est le cas d'appliquer la maxime « *Error communis facit jus.* » C'est d'après ces principes que, dans un ordre d'idées plus élevé, tous les publicistes enseignent que les actes reçus par des officiers publics nommés par une autorité usurpatrice doivent être maintenus, encore que l'autorité légitime ne confirme pas les nominations. (*Grotius, de jure belli ac pacis*, lib. 1, cap. 4, § 15).

L'article 1318 du Code civil, combiné avec l'article 68 de la loi du 25 ventose, an XI, vise le cas où un notaire aurait passé des actes après la notification qui lui aurait été faite de sa suspension, de sa destitution ou de son remplacement. L'acte vaudra, comme acte sous seing privé, s'il a été signé des parties, mais rien de plus, et cela alors même que les parties auraient ignoré l'incapacité du notaire.

L'article 1318 ne vise pas l'article 35 relatif aux conditions de capacité, ni l'article 7 relatif aux fonctions incompatibles avec celles de notaire et ne détruit pas ce que nous avons admis plus haut sur la validité des actes passés par un officier public incapable.

Bien plus, il résulte du texte de l'article 12 de notre loi, que les actes reçus antérieurement à la notification de la suspension ou de la destitution de l'officier public, quoique déjà prononcée, sont valables comme actes authentiques.

Il est toute une classe de personnes vis-à-vis desquelles le notaire même capable, *erga omnes*, ne peut instrumenter, ce sont celles qui sont indiquées par l'article 8 de la loi de ventôse, c'est-à-dire ses parents et alliés en ligne directe à tous les degrés et en ligne collatérale jusqu'au degré d'oncle ou de neveu inclusivement.

L'article 68 déclare ces actes nuls; c'est qu'en effet, nous nous sentons naturellement portés à prendre les intérêts de ceux qui nous sont attachés par les liens du sang et de la famille, à tel point que souvent, et sans nous en apercevoir, nous commettrions pour les nôtres quelque injustice à l'égard des étrangers. Il ne fallait pas laisser aux prises, entre son devoir et ses élans du cœur, le notaire, qui doit voir du même œil toutes les parties et prendre l'impartialité pour règle de conduite.

Il va sans dire, *a fortiori,* que les notaires n'ont pas le droit d'intervenir, comme officiers publics, dans des actes qui les intéressent personnellement; c'est ainsi qu'il faut interpréter les derniers mots de l'article 8 « ou qui contiendraient quelques dispositions en leur faveur. »

10

Le bon sens indique suffisamment qu'il y aurait là un danger très redoutable, et qu'il ne fallait pas les placer entre leur intérêt et leur devoir.

Le Parlement de Paris, dans un arrêt du 10 février 1615, défendait aux notaires de se réunir au nombre de plus de deux pour la passation de leurs actes, de crainte que le secret des parties ne fût compromis; cette défense n'a pas été reproduite par le législateur moderne.

Cet abus, du reste, si tant est qu'il y eût abus, est peu à craindre, les officiers publics étant en général peu disposés à venir assister bénévolement à des opérations d'où ils ne peuvent retirer aucun émolument.

CHAPITRE II

COMPÉTENCE
DU NOTAIRE

Pour que l'acte dressé par le notaire soit valable, il faut qu'il ait agi dans les limites de ses attributions, sous le double rapport de la nature de l'acte qu'il a reçu ou dressé et du lieu où il a instrumenté.

De tout temps, on a reconnu la nécessité de circonscrire le ressort des officiers publics et des notaires en particulier.

« François Ier, dans l'édit de 1542, déclare qu'il n'est pas loisible aux tabellions d'entreprendre sur les limites l'un de l'autre, ni de recevoir, passer ou grossoyer aucuns contrats hors leurs limites et ressorts, ne pareillement à nos dits notaires. »

Mais cette règle fut presque généralement violée jusqu'à la fin de notre ancien Droit. Certains notaires, par exemple ceux des Châtelets de Paris, Orléans et Montpellier, obtinrent le privilége de pouvoir instrumenter dans tout le royaume, et pour ce qui est des autres, ils n'étaient, en cas de contravention, passibles que d'une amende.

La loi du 6 octobre 1791, en supprimant tout privilége, a consacré le principe de la compétence territoriale et limitée des notaires. Elle a eu soin, pour éviter tout empiétement des notaires sur les autres fonctionnaires, et toute concurrence entr'eux, de fixer les limites de leur compétence, en déterminant leurs attributions, ainsi que le ressort dans lequel ils doivent instrumenter.

Section I.

COMPÉTENCE QUANT AUX ACTES.

L'article 1er de la loi de ventôse est ainsi conçu :

« Les notaires sont les fonctionnaires publics établis pour recevoir tous les actes et contrats auxquels les parties donnent ou veulent faire donner le caractère d'authenticité attaché aux actes de l'autorité publique, et pour en assurer la date, en conserver le dépôt, en délivrer des grosses et expéditions. »

On pourrait être tenté de croire que les notaires sont aptes à donner le caractère authentique à tous les faits que les parties peuvent avoir à constater sous cette forme ; c'est bien en effet ce qui ressort de la généralité des termes de notre article 1er et cependant il n'y a pas de doute que tel n'est pas l'esprit du législateur. Un notaire, requis par exemple de prêter son ministère à la constatation d'un fait dont certaines personnes, pour un intérêt ou pour un autre, ont désir de conserver la mémoire, d'une guérison miraculeuse, d'une expérience scientifique par exemple, ne peut déférer à cette réquisition, ou, du moins, l'acte qu'il dressera dans ces conditions, fût-il passé avec une scrupuleuse observation de toutes les formes prescrites, ne sera revêtu d'aucun cachet authentique. Un procès-verbal de ce genre dressé par un notaire, dans ces circonstances, n'aurait pas plus de valeur que s'il avait été dressé par une personne privée ; c'est qu'en dehors de ses fonctions, le notaire n'étant plus officier public, n'a plus aucun caractère propre et rentre dans le droit commun qui n'en fait qu'un simple citoyen.

Sous le bénéfice de cette observation, nous pouvons conclure de cet article Ier que les notaires sont compétents et cela exclusivement pour recevoir tous les actes de la juridiction volontaire et qu'ils peuvent rédiger toutes les conventions que l'on peut avoir intérêt à faire constater.

Cependant certaines lois spéciales sont venues apporter des dérogations à ce principe.

C'est ainsi que certains actes, tels que les actes de mariage, d'adoption, d'émancipation, certains actes de notoriété, notamment ceux dont parlent les articles 70 et 155 du Code de commerce, l'inventaire des biens d'un failli (art. 480 C. de com.), le dépôt du bilan d'un commerçant hors d'état de faire face à ses engagements, ont été confiés à certains officiers publics spéciaux.

C'est au détriment des créanciers que les derniers actes dont nous venons de parler ne sont plus dans les attributions des notaires.

Autrefois, avant la rédaction du Code de commerce, ce dépôt se faisait dans l'étude des notaires, où les créanciers se réunissaient pour nommer amiablement les syndics et agents de la faillite. Ces formalités sont aujourd'hui du ressort des tribunaux, ce qui oblige les créanciers à se déplacer à chaque instant et pour avoir un dividende parfois dérisoire, car les formalités judiciaires absorbent souvent presque tout.

Aujourd'hui qu'il n'y a plus de différence au point de vue de la forme entre les actes des notaires et ceux des magistrats, la dévolution de certains d'entre eux à ces derniers ne peut se justifier; aussi serait-il à désirer que ce défaut d'harmonie dans la loi disparût :

Par contre, il y a des actes de la juridiction contentieuse qui rentrent dans les attributions des notaires : les actes respectueux et leur notification (article 154 Code civil) et les protêts (article 173 du Code de commerce).

Certains actes ont été considérés par la loi comme tellement importants, qu'il est nécessaire de recourir pour leur confection au ministère des notaires. Ces actes ne peuvent être faits dans la forme des sous seings privés, à peine de nullité.

Voici comment s'exprimait sur cette exigence de notre législation l'orateur du Tribunat : « Si les parties ont en général la libre faculté de passer à volonté leurs actes devant notaire, pour leur donner la forme et le caractère d'authenticité légale, il est certain que plusieurs lois imposent l'obligation de recourir au ministère des notaires pour un grand nombre d'actes qui sont les plus importants pour la société, soit par leurs effets, soit par leurs suites. Ainsi les notaires exercent leur ministère, tantôt par suite de la volonté libre des contractants, tantôt en vertu des dispositions impératives de la loi. »

Ces actes, qu'on appelle généralement actes solennels, sont les donations entre vifs (931). Les contrats de mariage, les actes constitutifs d'hypothèque, de sociétés anonymes et de sociétés en commandite par actions, les actes d'emprunts et de quittances subrogatives, les reconnaissances d'enfants naturels, les consentements à mariage, les testaments autres que le testament olographe. On a essayé de soutenir, il est vrai, qu'un contrat de mariage sous seing privé pourrait satisfaire au vœu de la loi par le dépôt qui en serait fait ensuite ès-mains d'un notaire ; mais cette opinion est restée isolée et ne mérite même pas d'être combattue.

Les notaires doivent prêter leur ministère quand ils en sont requis, mais ils doivent le refuser pour les actes contraires aux lois et à la morale, pour ceux qui sont contractés par des mineurs ou interdits non assistés de tuteur, enfin lorsqu'il se présente devant eux des personnes inconnues qui ne peuvent justifier de leur identité par témoins.

Section II.

COMPÉTENCE TERRITORIALE DES NOTAIRES.

Distribuer les notaires par ressort, disait le tribun Favard, les circonscrire dans ce même ressort, c'est les attacher à leur place, c'est les rendre plus utiles aux citoyens pour lesquels ils sont établis.

Nous avons vu que dans l'ancien Droit, on avait eu beaucoup à se plaindre de l'inapplication de la règle posée par François Ier, dans son édit de

1542. Les lois modernes sont revenues rigoureusement au principe qui veut qu'un fonctionnaire hors du territoire qui lui est assigné ne soit plus qu'un simple particulier, principe formulé par Boiceau au XVIe siècle. « *Tabelliones extra territorium omnino privati censeantur, sicut et judices.* » Dès lors la nullité des actes reçus hors de ce territoire a dû être prononcée par la loi (art 6 et 68 de la loi de ventôse).

C'est pour cette raison qu'on exige dans l'acte la mention du lieu où il a été passé.

L'art. 5 de la loi de ventôse an XI a déterminé formellement les limites de la compétence territoriale des notaires.

Les notaires, dit cet article, exercent leurs fonctions, savoir : ceux des villes où est établi le tribunal d'appel, dans l'étendue du ressort de ce tribunal, ceux des villes où il n'y a qu'un tribunal de première instance, dans l'étendue du ressort de ce tribunal, ceux des autres communes, dans l'étendue du ressort du tribunal de paix.

L'acte rédigé par un notaire capable et dans les limites de sa compétence doit encore, pour produire tous les effets attachés à l'authenticité, être fait dans les formes voulues par la loi. Nous avons à nous occuper maintenant de cette question.

CHAPITRE III

FORMES DES ACTES NOTARIÉS

C'est encore la loi de ventôse que nous aurons à étudier pour rechercher les formes dans lesquelles les notaires doivent rédiger les actes. Le Code parle, il est vrai, dans plusieurs de ses articles, de la forme des actes, mais il n'a en vue que certains actes spéciaux dont nous aurons d'ailleurs à nous occuper. Pour les autres, le monument législatif, c'est la loi de ventôse.

Notre division se trouve dès lors toute tracée.

Dans une première section, nous étudierons les formes communes à tous les actes notariés.

Dans une seconde, celles qui sont spéciales à certains d'entre eux.

Section I.

FORMES COMMUNES.

———

Elles se rattachent soit à la qualité des personnes qui y figurent, soit aux règles à suivre dans la rédaction. -

I. — QUALITÉ DES PERSONNES.

Les actes, dit la loi de ventôse an XI, seront reçus par deux notaires ou par un notaire assisté de deux témoins (art. 9) et l'article 68 de cette même loi édicte la nullité des actes qui n'ont pas satisfait à cette prescription.

La réception des actes se compose de quatre parties : la discussion des conventions, leur rédaction, la lecture et la signature.

La loi de ventôse a-t-elle entendu que le notaire en second (ou les deux témoins quand il n'y a pas de second notaire) pourra se dispenser d'être présent à ces quatre phases de la réception de l'acte et qu'il suffira qu'il le signe après coup?

Des arrêts nombreux dont plusieurs de la Cour de Cassation, et quelques auteurs ayant à leur tête

M. Toullier, avaient proclamé que la présence du notaire en second, au moins à la lecture et à la signature des actes, était nécessaire à peine de nullité.

Les notaires des villes et des localités dans lesquelles l'usage contraire s'était établi attaquaient cette opinion comme impraticable en fait, comme inutile dans son but, en ce que des plaintes sérieuses ne réclamaient pas contre l'usage établi, enfin comme préjudiciable aux parties qui, en définitive, seraient obligées de supporter les frais du déplacement d'un second notaire ; ils prétendaient en outre que l'article 9 de la loi de ventôse se trouvait abrogé par désuétude.

Toutefois les notaires et les auteurs qui soutenaient ce système convenaient que pour les testaments et même pour les donations, il était d'usage que le notaire en second fût présent à la réception de ces actes. Cet usage n'avait aucune limite bien déterminée.

L'allégation que l'article 9 de la loi de ventôse se trouvait abrogé par la désuétude n'était fondée ni en droit, ni en fait: en droit, car il n'est pas possible d'admettre que la négligence du gouvernement et des parties intéressées puisse amener l'abrogation d'une loi aussi précise et aussi récente. Il pouvait en être ainsi à Rome et dans notre jurisprudence où la coutume était une des principales sources du droit, mais il n'en est plus de même aujourd'hui. En fait, de tout temps, on n'avait cessé de protester dans la doctrine et dans la pratique contre cette violation flagrante de la loi.

Bref, tout le monde dans une matière si grave et si usuelle éprouvait le besoin de lui voir une sanction dans la loi.

Ajoutons qu'il est des actes dont l'importance et la solennité ne sont pas moins grandes que celles des testaments. Or, pour ces actes, l'usage n'offrait aucune protection.

La loi du 21 juin 1843 sur la forme des actes notariés est venue combler cette lacune et terminer le conflit.

Elle porte dans son article 1er:

« Les actes notariés passés depuis la promulgation de la loi du 25 ventôse an XI ne peuvent être annulés par le motif que le notaire en second ou les deux témoins instrumentaires n'auront pas été présents à la réception desdits actes. »

Les législateurs de 1843 ont cédé aux considérations d'utilité pratique que M. Duranton avait déjà fait valoir, lorsqu'il disait: la société serait bouleversée si la nullité des actes authentiques pouvait être demandée pour cause de cette inobservation, et l'imagination s'effraie en songeant à l'innombrable quantité d'inscriptions en faux et de demandes en nullité auxquelles donnerait lieu l'application littérale de la loi sur ce point.

« Art. 2. A l'avenir les actes notariés contenant donation entre vifs, donation entre époux pendant le mariage, révocation de donation ou de testament, reconnaissance d'enfants naturels et les procurations pour consentir ces divers actes seront, à peine de nullité, reçus conjointement par deux notaires ou par un notaire en présence de deux témoins.

La présence du notaire en second ou des deux témoins n'est requise qu'au moment de la lecture des actes par le notaire et de la signature par les parties. Elle sera mentionnée à peine de nullité.»

« Art. 3. Les autres actes continueront à être régis par l'article 9 de la loi du 25 ventôse an XI, tel qu'il est expliqué dans l'article 1er de la présente loi. »

Il résulte de la combinaison des articles 1 et 3 que les actes, autres que ceux énoncés dans l'article 2, pourront être reçus en l'absence du notaire en second ou des deux témoins. Mais alors on peut se demander pourquoi l'on exige leur signature. Voici ce qu'on peut répondre:

Bien que ce ne soit pas une garantie puissante, l'accomplissement de cette formalité présente cependant quelques avantages. Le notaire en second, sans pénétrer indiscrètement dans le secret des actes, vérifie si les formes extérieures sont observées; l'obligation d'imiter sa signature rend les faux plus difficiles:

On n'en pourrait évidemment dire autant des témoins qui le plus souvent font simplement acte de complaisance en prêtant au notaire leur signature, mais la loi est ainsi faite, et les abus sont si peu fréquents qu'il n'y a pas lieu d'exiger de plus grandes formalités. Il y a là d'ailleurs un obstacle

aux retranchements et aux intercalations de renvois qu'on voudrait faire par la suite au détriment
des parties et du fisc.

Quelle condition faut-il remplir pour être
témoin dans un acte notarié ?

Il faut être citoyen français, c'est-à-dire être
français, majeur, mâle, jouir de ses droits civils
et avoir l'exercice de ses droits politiques, il
faut savoir signer et être domicilié dans l'arrondissement communal du lieu où l'acte est passé.

Il va sans dire qu'il faut réunir les qualités
physiques et morales nécessaires pour remplir
bien et fidèlement une telle mission. C'est ainsi
qu'on devra écarter les fous, les idiots, les sourds-
muets, ceux qui n'entendent pas le français, ceux
qui se trouvent en état d'ivresse ou de maladie.

Ne peuvent être témoins :

1º Les parents ou alliés soit du notaire, soit des
parties contractantes, en ligne directe à tous les
degrés et en ligne collatérale jusqu'au degré d'oncle ou de neveu inclusivement ;

2° Les clercs ou serviteurs des parties qui figurent dans l'acte ;

3º Les témoins qui ont un intérêt personnel
dans les actes où ils figurent.

Mais rien n'empêche deux parents d'être
témoins dans le même acte.

« *Nihil nocet ex una domo plures testes alieno
negotio adhiberi.* » (Inst., § 8 *de test. ord.*).

Le notaire doit s'assurer à l'avance que les
témoins, qu'il requiert pour la confection de

l'acte, remplissent exactement les conditions voulues .par la loi. Le défaut absolu de capacité, ou l'incapacité relative de l'un d'eux, entraîne la nullité de l'acte et le constitue responsable vis-à-vis des parties en cause. Il y a lieu cependant de se demander si, dans certains cas, la capacité putative ne doit pas prévaloir sur la capacité réelle. En d'autres termes, l'acte auquel un témoin a pris part doit-il être protégé par la loi Barbarius Philippus 5, Dig., *de officio prætorum* plus haut citée, et par la maxime « *error communis facit jus ?* »

L'affirmative est admise d'une manière générale ; mais, pour que l'erreur commune équivale à la capacité effective, il faut que cette erreur résulte d'une série d'actes multipliés qui forme pour lui une possession publique et paisible de l'état qu'elle suppose, car c'est alors seulement qu'il est impossible de ne pas se tromper.

Il importerait peu que le notaire et les témoins eussent l'opinion erronée de la capacité du témoin ; leur croyance n'a d'effet que quand elle est partagée par le public et qu'elle coïncide avec la possession de l'état supposé. Cette question est laissée entièrement à l'appréciation souveraine des tribunaux.

II. — RÈGLES A SUIVRE DANS LA RÉDACTION DE L'ACTE.

On peut distinguer dans un acte notarié trois parties :

1º Le préambule, où sont mentionnés : les noms des notaires et le lieu de leur résidence. — les noms, prénoms, qualités et demeure des parties, et leur comparution devant l'officier public. — les noms et demeure des témoins instrumentaires ;

2º Le corps de l'acte, qui comprend les conventions des parties ;

3º La clôture, où l'on trouve : la date de l'acte, le lieu où il a été passé, et aussi les diverses mentions et énonciations que la loi requiert pour sa solennité.

Toutes les énonciations des actes ne sont pas d'égale valeur : certaines formes sont constitutives de l'acte notarié, certains autres ne sont en réalité que des prescriptions réglementaires dont l'inobservation n'entraîne que des peines disciplinaires.

ÉNONCIATIONS QUE L'ACTE DOIT CONTENIR A PEINE DE NULLITÉ.

1º Les noms et demeure des témoins instrumentaires. (Art. 12).

11

C'est un moyen de s'assurer si l'on s'est conformé à la disposition de l'article 9, qui exige que les témoins soient domiciliés dans l'arrondissement où l'acte est passé; le cas échéant, cette mention facilitera la recherche des témoins, si l'on a besoin de recourir à leur témoignage.

Quid des témoins certificateurs?

On appelle ainsi ceux qui comparaissent pour attester au notaire le nom, l'état et la demeure des parties, lorsque celles-ci ne sont pas connues de lui.

L'art. 11 de la loi de ventôse exige que ces témoins certificateurs soient connus du notaire, mais ni leur absence, ni leur fausse désignation, tout en pouvant entraîner pour le notaire, outre une peine d'amende, de lourdes responsabilités, ne sont une cause de nullité.

2° Le lieu, l'année et le jour, où l'acte est passé. (Loi de vent., art. 12, al. 2.)

L'indication du lieu où l'acte a été passé empêche les notaires d'éluder la loi sur la compétence territoriale et le ressort. L'ordonnance de Blois (1579), art. 167, obligeait les notaires à spécifier l'endroit même où les contrats avaient été passés; c'est ce que nos anciens auteurs appelaient le *locus loci;* il est certain que, dans certains cas, l'indication précise du *locus loci* pourra présenter un sérieux intérêt, mais nous ne croyons pas que le législateur l'ait exigée à peine de nullité. Le lieu sera suffisamment déterminé par le nom de la ville ou de la commune où l'acte aura été passé.

Il a même été jugé qu'il n'était pas nécessaire que l'acte notarié contînt la mention expresse du lieu où l'acte avait été passé, et qu'il était suffisant, pour que le vœu de la loi fût rempli, qu'à la lecture de l'acte il ne restât aucun doute sur ce point. (Cour de Rennes, 9 mars 1809.)

L'année et le jour :

L'ordonnance de Blois de 1579, exigeait encore, dans son article 167, que les notaires fissent mention dans leurs actes de l'heure à laquelle ils étaient passés. Cette mention avait, dans l'ancien Droit, un grand intérêt: elle servait à fixer l'instant précis où prenait naissance l'hypothèque qui résultait alors de tous les actes notariés. De nos jours encore, bien qu'il n'en soit plus ainsi quant à la naissance de l'hypothèque, la mention de l'heure peut présenter de l'intérêt.

Il est certain que si deux actes, portant la même date, contenaient des dispositions incompatibles ou qui se neutraliseraient réciproquement, on se trouverait dans un grand embarras pour savoir auquel on devrait donner la préférence. Comme le dit M. Bonnier, cette mention de l'heure peut être utile pour établir la préférence entre deux individus qui auraient acheté le même immeuble, le même jour, de la même personne, sans que ni l'un ni l'autre eussent fait opérer la transcription: ou entre deux acheteurs d'effets mobiliers, dont aucun n'aurait été mis en possession effective des objets vendus. Cependant et malgré toutes ces considérations, devant le silence de la loi sur ce point, nous devons conclure que cette mention n'est plus nécessaire.

Il est à remarquer que la loi a omis de parler du mois, que, cependant, il n'est pas possible d'omettre au fond. C'est pour montrer sans doute que l'énonciation des différents éléments qui constituent la date des actes notariés est susceptible d'être remplacée à l'aide d'énonciations équipollentes. Par exemple, on peut aussi bien dire le jour de la Saint-Jean de telle année que le 24 juin de cette année. Remarquons cependant que cette manière de dater les actes, très fréquente autrefois, ne se retrouve plus que bien rarement aujourd'hui.

3° Les signatures des parties, des témoins et des notaires.

Signature des parties. — Dans notre très ancien Droit français, les sigles ou marques particulières la suppléèrent d'abord et l'accompagnèrent souvent ensuite, soit dans les actes publics, soit même dans ceux privés.

Toute incomplète que soit la marque tracée par les parties, au bas d'un acte authentique, elle se conçoit cependant parce que son identité est certifiée par un officier public qui la sauvegarde. Aussi comprend-on que cet usage se soit perpétué fort longtemps en France. Il faut bien reconnaître, dans l'emploi de ces signes abrégés, plutôt la force de l'habitude que l'empire de la raison, car si dans le principe il fut nécessaire de recourir à l'emploi du monogramme ou du sceau, comme nous le remarquons dans les anciennes chartes, parce que l'écriture était peu répandue, continuer plus tard ces moyens dans les transactions privées, surtout après l'époque de la renaissance des lettres, c'était commettre un véritable anachronisme. Aussi, de nos jours, sont-ils repoussés de nos actes comme offrant d'ailleurs un moyen trop facile à la fraude. La signature des parties aujourd'hui est absolument indispensable, et si elles ne savent ou ne peuvent signer, le notaire doit en faire une mention spéciale rapportant la déclaration des parties à cet égard. Une simple déclaration que la personne ne sait pas écrire serait insuffisante, car il y a telles personnes qui, ne sachant pas écrire, savent cependant apposer leur signature.

En matière de testament, la signature présente un si grand intérêt qu'on exige, lorsqu'elle fait défaut, mention expresse, non seulement de la déclaration faite par le testateur, qu'il ne peut signer, mais encore de la cause qui l'empêche de le faire. (973 Code civil.)

Signature des témoins. — Dans notre ancien Droit, sous l'empire des ordonnances d'Orléans et de Blois de 1560 et 1579, on n'exigeait pas la signature des témoins. Il n'y avait d'exception que dans un cas. Si l'acte était passé dans une ville ou dans un gros bourg, ou bien si l'une des parties ne savait pas signer, il fallait au moins la signature d'un des témoins.

L'arrêt de réglement du 4 septembre 1685 fit de cette exception une règle générale.

La loi de ventôse, plus sévère, exige la signature des deux témoins.

L'art. 974 du Code civil apporte à cette règle une exception. C'est en matière de testament; nous nous en occuperons bientôt.

Signature des notaires. — Dans l'ancien Droit, les notaires se contentaient d'apposer leur sceau sur l'acte, mais beaucoup avaient accoutumé de le signer.

L'ordonnance de 1535 rendit cette formalité obligatoire, et celle de 1560 vint confirmer à nouveau cette décision.

Aujourd'hui, la signature du notaire est indispensable; c'est même elle qui, à proprement parler, confère à l'acte son caractère authentique. Le notaire doit signer après toutes les parties, quand l'acte est parfait, mais nous ne croyons pas qu'il soit légalement nécessaire qu'il le signe en présence des parties. Sans doute il est mieux de le faire, car de grosses responsabilités peuvent surgir dans l'intervalle, mais la loi ne l'exige pas à peine de nullité et les nullités ne doivent pas se suppléer.

En quoi consiste la signature? La signature, telle qu'elle est usitée aujourd'hui, consiste dans l'apposition de ses prénoms et de son nom de famille au bas d'un acte. On ne peut donc, en général, être censé avoir signé un acte, ni dans le cas où on l'a simplement souscrit de ses prénoms ou des lettres initiales de ses nom et prénoms, ni quand, au lieu de le souscrire de son nom de famille, on y a apposé soit le nom d'une famille à laquelle on n'appartient pas, soit le nom d'une terre que l'on possède, soit un sobriquet. Cependant une signature irrégulière ou incomplète doit, par exception, être considérée comme suffisante, lorsqu'il est prouvé que la personne à qui on l'attribue signait habituellement de la même manière des actes publics ou privés et que l'identité est d'ailleurs constante (1) ; c'est ainsi qu'on a jugé valable le testament d'un évêque signé d'une croix, des initiales de ses prénoms et du nom de son évêché. Cette question, qui avait déjà été soulevée à l'occasion du testament olographe de Massillon, signé + J.-B., évêque de Clermont, avait été résolue dans le même sens.

Mention de ces signatures. — La mention de la signature des parties et des témoins est exigée à peine de nullité. Cette nullité ne serait même pas couverte par l'existence matérielle des signatures. (Cass., 6 juin 1821 , Sir., 23, 1, 41.)

Cette mention doit se trouver à la fin de l'acte, c'est sa place naturelle, mais l'acte n'en serait pas moins valable si elle se trouvait à un autre endroit : c'est qu'en effet, quelle que soit la place

(1) Paris, 7 avril 1848 (Sir., 48, 2, 217). Crim., Cass., 30 janvier 1824 (Sir., 24, 1, 225).

qu'elle occupe, elle reçoit une sanction complète
de la signature de l'officier public qui n'est apposée
qu'après l'accomplissement de toutes les formalités.

On s'est demandé s'il était nécessaire de relater
la signature du notaire, puisqu'elle est authentiquement constatée.

Le Conseil d'Etat consulté sur ce point a décidé
le contraire par un avis des 16-20 juin 1810, et la
Cour de Cassation a admis cette interprétation
fondée sur l'esprit de la loi et principalement sur
l'arrêté du 15 prairial an XI (Cass., 11 mars 1812,
Sir., 1812, 1, 353).

L'article 13 veut que l'acte ait été lu aux parties; doit-il être fait mention de cette lecture à
peine de nullité?

Quelque utile que puisse être cette mention,
nous ne le pensons pas. Le législateur a pensé
avec juste raison que, d'ordinaire, on ne signe pas
sans savoir ce que l'on fait; on ne doit s'en prendre qu'à soi-même des résultats fâcheux de son
imprudence.

ÉNONCIATIONS QUI NE SONT PAS REQUISES
A PEINE DE NULLITÉ

Les autres énonciations, qui sont requises par la loi dans les actes notariés, ne le sont pas à peine de nullité. Leur omission n'entraîne le plus souvent pour le notaire qu'une simple amende. Par exemple : l'art. 12 punit de cent francs d'amende le notaire qui n'a pas indiqué son nom et le lieu de sa résidence.

Même amende pour celui qui n'a pas fait mention de la lecture de l'acte aux parties, ou qui a omis d'indiquer les noms, prénoms des parties ou des témoins certificateurs. (Art. 13.)

Mais si l'acte n'est pas nul, le notaire se trouve toutefois sous le coup de responsabilités souvent très lourdes qui peuvent lui incomber à raison de ces lacunes de l'acte.

C'est ainsi qu'un notaire, qui ne s'assure pas si les personnes qui comparaissent devant lui portent bien le nom qu'elles prétendent avoir, s'expose à être suspendu de ses fonctions (Art. 11 et 53). Il facilite en effet, par sa négligence, les crimes de faux par supposition de personne (Circul. minis., 2 mai 1820.)

Dans tous les cas, lorsqu'il résulte pour les parties un préjudice du défaut de constatation d'individualité , ou pour omission des formalités réglementaires, le notaire en devient responsable s'il y a eu réellement faute ou négligence de sa part.

DE LA FORME EXTÉRIEURE DES ACTES NOTARIÉS.

Le législateur ne s'est pas borné à déterminer sous quelles conditions l'acte vaudrait comme authentique, il a voulu de plus lui donner une apparence aussi propre que possible à écarter toute suspicion de fraude.

C'est ainsi, qu'aux termes de l'article 13, les actes doivent être écrits en un seul et même contexte, lisiblement, sans abréviations, blancs, lacunes ni intervalles, et énoncer en toutes lettres les sommes et les dates.

En cas de contravention, l'officier ministériel encourt une amende de 100 francs.

L'article 16 ajoute: Il n'y aura ni surcharge, ni interligne, ni addition dans le corps de l'acte, et les mots surchargés, interlignés ou ajoutés, seront nuls. Les mots qui devront être rayés le seront, de manière que le nombre puisse être constaté à la marge de leur page correspondante, ou à la fin de l'acte, et approuvé de la même manière que les renvois écrits en marge; le tout à peine d'une amende de cinquante francs contre le notaire, ainsi que de tous dommages-intérêts, même de destitution en cas de fraude. La nullité, dont sont frappés les mots surchargés, interlignés ou ajoutés, peut réagir sur l'acte tout entier, si ce sont des mots essentiels, tels que, par exemple, l'indication de la date. On retombe alors dans le cas de l'article 12, alinéa 2. (Cass., 27 mars 1812, Sir., 12, 1, 67).

L'article 15 statue à l'égard des renvois et apostilles.

Les renvois et apostilles ne pourront, sauf l'exception ci-après, être écrits qu'en marge; ils seront signés ou paraphés, tant par les notaires que par les autres signataires, à peine de nullité des renvois et apostilles. Si la longueur du renvoi exige qu'il soit transporté à la fin de l'acte, il devra être non-seulement signé ou paraphé, comme les renvois écrits en marge, mais encore expressément approuvé par les parties, à peine de nullité du renvoi.

L'ordonnance de Villers-Cotterets, 1539, art. 10 et 11, prescrivait d'écrire les actes en langage maternel français.

Dans l'ancien Droit, plusieurs arrêts du Conseil, notamment l'édit du mois de mars 1683, pour la Flandre, et l'arrêt du Conseil du 30 janvier 1685, pour l'Alsace, avaient prononcé la nullité comme sanction de cette règle.

Dans le Droit intermédiaire, une loi du 2 thermidor an XI prononça la peine de six mois de prison contre tout fonctionnaire ou officier public qui ferait usage d'une autre langue.

Quant à la loi de ventôse, elle est muette sur ce point, et l'on s'est demandé si la rédaction en langue française est obligatoire à peine de nullité. Cette question se pose souvent pour les pays frontières, où même nos nationaux parlent la langue d'un pays voisin.

La Cour de Cassation s'est prononcée pour la nullité, le 4 août 1859, en déclarant: qu'il ne s'agit pas là d'une de ces formes secondaires et de ces nullités de procédure auxquelles s'applique l'article 1030 du Code de procédure, mais d'un principe essentiel et de droit public, qui importe à un haut degré à la bonne administration de la justice et garantit l'unité de la langue nationale.

Les officiers publics peuvent, du reste, écrire à mi-page de la minute française, la traduction en idiome du pays, s'ils en sont requis par les parties. Cette traduction est faite par le notaire lui-même ou par un interprète.

Il n'est pas nécessaire que les parties connaissent notre langue. La Cour de Cassation et de nombreux arrêts de Cours d'appel ont jugé qu'il appartient seulement aux juges d'apprécier si, en fait, ils ont été suffisamment instruits, par le notaire, de ce qui se passait en leur présence.

DE L'OBLIGATION DE CONSERVER MINUTE.

Actes en Brevet.

Afin que les actes reçus par le notaire aient le caractère de stabilité qui les distingue spéciale-ment des actes sous seing privé, il faut que le notaire en demeure dépositaire.

Dans l'ancien Droit, à la différence de ce qui se passe aujourd'hui, l'acte lui-même était remis aux intéressés.

Lorsqu'un contrat était rédigé par écrit, il était mis ordinairement entre les mains du créancier, et si chacune des parties avait intérêt de l'avoir, on l'écrivait deux, trois ou quatre fois, sur un même parchemin, avec des lettres entre chaque copie qui étaient coupées par la moitié : d'où ces actes étaient appelés chartes-parties, ce qu'on faisait ainsi pour empêcher la fausseté (1).

Quelquefois on ne faisait qu'un seul exemplaire qu'on coupait par le milieu, chacun des contrac-tants en retenait une partie et on ne connaissait la convention qu'en rapprochant les deux parties.

La tradition des *chartæ partitæ* s'est conservée

_____

(1) Delaurière, *Glossaire de Droit français*, v° notaire.

encore aujourd'hui, ainsi qu'on le voit par les pièces détachées des registres à souche, les passeports, les permis de chasse, les billets de banque, de loterie, les actions des Compagnies de chemins de fer, etc.

Pour remédier aux inconvénients qui pouvaient résulter de la remise de la minute, les notaires avaient pris l'habitude de transcrire leurs actes sur des registres appelés protocoles. Les ordonnances royales ne tardèrent pas à rendre cette pratique obligatoire. On écrivait les actes en notes ou écriture menue (minutes) pour plus de promptitude ; le notaire en faisait ensuite des copies en caractères plus gros, de là l'origine du mot grosse.

L'article 20 de la loi de ventôse pose une règle diamétralement opposée.

A l'exception de quelques actes très simples, tels que les certificats de vie, les procurations, les notoriétés, les quittances de fermage, de loyers, de salaires, arrérages de pensions et de rentes et autres actes simples qui peuvent être délivrés en brevet, le notaire doit conserver la minute de tous ses actes et ne délivrer aux parties que des expéditions.

Il doit être garde-minute :

1° De tous les actes synallagmatiques ;

2° De ceux qui contiennent quelques dispositions au profit des tiers, ou que ceux-ci peuvent invoquer ;

3° De tous ceux dont l'effet est perpétuel et se

transmet des parties contractantes à leurs héritiers ou ayants-cause à perpétuité.

La délivrance d'un acte en brevet est constatée authentiquement par sa mention sur le répertoire du notaire, et ordinairement aussi, bien que cela ne soit pas obligatoire, par une déclaration mise à la fin de l'acte lui-même. Celui-ci est parfois dressé en double original ou par duplicata. Dans tous les cas, il doit porter l'empreinte du sceau des notaires et se remet aux parties après l'enregistrement.

Les notaires ne peuvent se dessaisir d'aucune minute, sauf dans le cas prévu par la loi et en vertu d'un jugement.

Il en est alors dressé copie figurée, ainsi nommée parce qu'elle est conforme à l'original dont elle doit reproduire le tableau, trait pour trait, dans sa forme matérielle et dans sa substance.

Elle doit faire connaître toutes les imperfections de l'original, ratures, surcharges, interlignes, fautes d'orthographe, indication des blancs, lacunes, renvois et autres circonstances. Elle est en outre approuvée par le président du tribunal et le procureur de la République; cette copie tient lieu de la minute jusqu'à la réintégration.

L'obligation de conserver les minutes des actes est essentielle et le préjudice que les parties éprouveraient de la perte d'une minute pourrait servir de fondement à une action en garantie contre le notaire dépositaire, puisque ce préjudice aurait pour cause le manquement de celui-ci à l'un des devoirs de sa profession.

Cette obligation imposée par la loi aux notaires assure aux conventions de véritables archives, et le notariat français réalise ce que les Romains avaient conçu sans pouvoir lui donner un corps, ce qui avait existé à Rome sous la forme de deux institutions distinctes, le tabellionat et l'insinuation, unifiés dans notre organisation actuelle.

Les actes notariés doivent être soumis à la formalité de l'enregistrement dans un délai déterminé.

Autrefois, sous la loi du 19 décembre 1790, un acte qui n'était pas enregistré dans les délais voulus ne pouvait plus valoir comme authentique. La loi du 22 frimaire an VII est venue abroger cette disposition trop rigoureuse et diminuer ainsi la responsabilité du notaire. Le défaut d'enregistrement dans le délai ne donne plus lieu qu'à une amende.

Les actes notariés doivent être écrits sur papier timbré, car il est interdit aux receveurs d'enregistrement, sous peine d'une amende de dix francs, d'inscrire ceux qui sont écrits sur papier libre.

Le notaire serait lui-même passible d'une amende de vingt francs.

Les actes notariés doivent être portés sur le répertoire, table chronologique destinée à faciliter les recherches, à rendre la perception des droits d'enregistrement plus certaine et aussi, dans certains cas, à servir d'éléments de preuve quant à la date des titres perdus, volés ou détruits.

Les répertoires sont visés, cotés et paraphés par le président, ou, à son défaut, par un autre juge du tribunal civil de la résidence ; ils doivent contenir la date, la nature et l'espèce de l'acte, les noms des parties et la relation de l'enregistrement (A. 30, 1, 30 vent. an XI).

Dans certains cas, il faut que les actes notariés soient légalisés, ceux des notaires ressortissant d'une Cour d'appel, lorsqu'on veut se servir de de leurs actes hors du ressort, ceux des autres notaires, lorsqu'on s'en sert hors de leur département.

La légalisation est l'attestation faite par le président du tribunal de l'arrondissement, ou le juge de paix du canton du notaire, que la signature apposée sur le titre est bien celle de cet officier public.

Les expéditions des actes et les actes en brevet doivent être revêtus du sceau du notaire. (Art. 27 de la loi de ventôse.) Cette prescription a été édictée dans le but de rendre le faux plus difficile.

Section II.

FORMES SPÉCIALES A CERTAINS ACTES NOTARIÉS.

———

Parmi les actes qui font exception au Droit commun et qui réclament l'accomplissement de formalités, autres que celles dont nous avons présenté le tableau plus haut, les testaments, par leur importance, figurent au premier rang.

Il y en a trois sortes: olographes, publics et mystiques. Le notaire n'intervient que dans ces deux derniers. Lss règles qui les régissent se trouvent dans les articles 968 et 971-980 du Code civil.

1° *Testament public.* — Si nous lisons les art. 971, 972, 973, 974, 975 et 980, nous voyons que la capacité du notaire et des parties réglée par la loi de ventôse reste ici la même et que celle des témoins a seule été modifiée, dans le but évident de mieux garantir la sincérité des dernières volontés du testateur et de prévenir toute collusion de la part du notaire.

Au lieu de deux notaires seulement, le législateur a voulu deux notaires et quatre témoins. Dans les actes ordinaires, la parenté des témoins avec les parties, ou les personnes intéressées,

n'est une cause d'incapacité que jusqu'au troisième
degré en ligne collatérale; dans les testaments,
cette cause d'incapacité a été étendue, par l'article
975, au quatrième degré à peine de nullité. Mais
notons bien que cette prohibition de parenté au
quatrième degré n'est établie que pour les témoins dans leurs rapports avec les légataires et
que le législateur, ayant gardé le silence au sujet
des autres personnes, nous restons pour elles sous
l'empire de la loi de ventôse. Ainsi le notaire
pourra recevoir le testament d'un de ses parents
en ligne collatérale au quatrième degré : d'un cousin germain, par exemple, ou d'un grand-oncle,
et admettre, comme témoins, des parents au
même degré, soit de lui, soit du testateur. Les
incapacités sont de droit strict et ne peuvent être
étendues d'un cas à un autre. Du reste la disposition de l'art. 975 se justifie parfaitement par
l'avantage indirect que peuvent avoir les parents
des légataires et que n'ont pas ceux du notaire
ou du testateur.

En exigeant un plus grand nombre de témoins
et en excluant jusqu'au quatrième degré tous les
parents des légataires, le législateur, dans certains cas pressés, eût pu rendre un testament impossible; aussi il s'est montré plus facile à d'autres égards. Aux termes de l'art. 980, dans un
testament, il suffit que les témoins soient mâles,
majeurs, français, et qu'ils aient la jouissance de
leurs droits civils ; ce qui fait que telle personne,
qui ne pourrait pas servir de témoin dans un acte

ordinaire parce qu'elle ne jouirait pas de ses droits politiques, pourrait l'être dans un testament. Ainsi les faillis, qui sont privés de leurs droits politiques, et par suite de la qualité de citoyen, mais qui jouissent encore de leurs droits civils, ceux qui ne sont pas domiciliés dans l'arrondissement communal, pourraient servir de témoins instrumentaires dans un testament et ne le pourraient pas dans un autre acte.

Dans un acte ordinaire encore, il faut que tous les témoins sachent signer. Dans les testaments publics, il suffit, à la campagne, que la moitié le sache faire. Seulement on est peu d'accord sur ce qu'a voulu dire par ce mot campagne l'art. 974 du Code civil. Quand la question se présente, on se base, pour la résoudre, sur les circonstances de la cause et sur le plus ou moins d'instruction répandue dans l'endroit où le testament a été fait. Les notaires feront bien de recourir le moins possible au bénéfice de cette disposition. Avec l'instruction obligatoire surtout, il pourrait se faire qu'il n'y eût plus de campagne, du moins dans le sens de notre art. 974.

C'est à l'égard de la forme que, dans les testaments, le Code civil a apporté le plus de changements à la loi de ventôse.

Un acte ordinaire, le notaire le rédige seul et à sa guise. Il le fait écrire par qui bon lui semble; s'il n'en donne pas lecture ou s'il ne le mentionne pas, il n'y a pas nullité; enfin la présence des

témoins au moment de l'acte n'est pas obligatoire : il suffit qu'ils signent plus tard.

Un testament, au contraire, doit être dicté
par le testateur, écrit par le notaire, lu au testateur, le tout en présence des témoins, à peine de
nullité, et la mention de chacune de ces formalités est indispensable.

L'obligation de la dictée ne s'étend pas à l'en-
tête ni à la clôture de l'acte, comme l'ont prétendu quelques auteurs, car alors, pour être
logique, il faudrait dire que le notaire, écrivant
sous la dictée du testateur, n'est plus responsable
ni de la forme de son acte, ni des mentions qui
lui sont recommandées; les vices de forme de-
vraient être imputés au testateur qui aurait mal
dicté. Ces conséquences sont trop contraires à
l'esprit de la loi et aux données admises jusqu'ici,
pour que nous adoptions le principe duquel elles
découlent; aussi restreignons-nous l'obligation
de la dictée au corps même du testament, aux
dispositions du testateur.

Comme cette dictée a été exigée afin que la
pensée du testateur ne fût pas dénaturée en étant
rendue par le notaire, ce dernier fera bien d'écrire
mot pour mot ce qui lui sera dit : ce qui ne doit
pas l'empêcher pourtant de faire les corrections
de langage nécessaires, car la loi n'a pas voulu
pousser l'exigence jusqu'à l'absurde.

Le notaire doit écrire le testament lui-même;
s'ils sont deux, ils peuvent se remplacer et écrire
alternativement.

Le notaire doit, à peine de nullité, donner lecture du testament au testateur.

Ces diverses formalités doivent avoir lieu, toujours pour prévenir les fraudes, en la présence réelle des témoins. L'absence d'un seul et un seul instant, sans que l'on suspende l'acte en attendant son retour, suffirait pour entraîner une nullité. La Cour de Bordeaux a eu l'occasion de le décider ainsi le 8 mai 1860.

Enfin, nous l'avons déjà dit, il doit être fait mention de chacune de ces formalités, le tout à peine de nullité.

Les mentions habituelles dans les actes, et prescrites par la loi de ventôse, sont également obligatoires dans les testaments. Il n'y a rien de changé, sauf une petite modification apportée au sujet de la déclaration d'une partie de ne pouvoir signer. Dans les actes ordinaires, la déclaration de ne pouvoir signer est suffisante ; dans un testament, il faut, de plus, mentionner la cause qui en empêche.

2° *Testament mystique.* — Les articles 976, 977, 978 et 979 tracent les règles qui régissent les testaments mystiques. Ici la plupart des prescriptions de la loi ne concernent nullement l'œuvre du notaire. Dans le testament mystique, il y a deux choses distinctes : le testament lui-même, qui doit être présenté clos et scellé au notaire, ou l'être en sa présence, ce qui est l'ouvrage du testateur et le regarde seul ; ensuite vient l'acte de suscription, et avec lui commencent le rôle et la responsabilité du notaire.

Pour prévenir tout dol, toute fraude et toute substitution, la loi veut que le testateur déclare que le pli présenté est bien son testament; s'il ne peut pas parler, il doit l'écrire sur l'enveloppe. Il faut aussi que l'acte soit rédigé en la présence réelle de six témoins et sans divertir à autre chose, à moins de force majeure. Si le testateur ne peut pas signer, on appellera un septième témoin.

Les conditions de capacité du notaire et du testateur sont les mêmes que pour les actes ordinaires; quant à celles des témoins, elles sont les mêmes que celles exigées dans le testament public. Cependant la parenté des uns ou des autres avec les légataires ne serait plus une cause de nullité, parce que le testament mystique est secret, qu'on ne peut pas connaître ces légataires, et que, par conséquent, le danger, que la loi a voulu prévenir dans les testaments publics, n'existe plus.

Les mentions sont encore les mêmes que celles des actes ordinaires. Le Code civil n'en prescrit aucune et n'oblige le notaire à mentionner ni la déclaration de l'art. 976, ni celle de l'unité de contexte, ni la présence réelle des témoins, bien que chacune des formalités doive être remplie sous peine de nullité. Il n'y a que dans le cas où le testateur ne saurait pas signer et qu'on appellerait un septième témoin, conformément au

vœu de l'art. 977, que le notaire devrait faire
mention de la raison pour laquelle ce septième
témoin a été appelé. Si le testateur, ayant signé
son testament, ne pouvait plus signer l'acte de
suscription, il serait également nécessaire de
faire mention de sa déclaration à cet égard.

II. — DONATIONS.

Comme le testament, la donation est un acte
solennel, pour la validité duquel le législateur a
exigé l'accomplissement de nombreuses formalités. Nous ne retrouvons cependant pas là les motifs qui ont déterminé la loi à se montrer si rigoureuse en matière de testaments. En effet,
toutes les formalités, auxquelles la validité de cet
acte est soumise, ont été édictées dans le but de
prévenir la fraude, la captation opérée dans l'intention de s'approprier la fortune d'une personne
qui ne sera plus de ce monde pour venir attaquer
un acte qui n'est pas l'expression de sa volonté,
qui fraude les intérêts de personnes à elle chè-
res, et qu'elle a dépouillées peut-être contre son
gré véritable.

Dans la donation, telle n'est plus la cause de la
sévérité de la loi. La fraude et la captation vis-à-
vis du disposant sont moins à redouter. On a seulement entouré l'acte d'un concours de formalités
pour montrer à celui qui se dépouille l'importance de l'action qu'il va faire; le législateur,

soucieux de ses intérêts, l'avertit qu'il n'est pas dans la nature, à moins d'une exception rare, de se dépouiller de son bien de son vivant, et que le regret suit souvent la libéralité. En un mot, par chaque formalité, le législateur semble répéter au donateur cet adage que les anciens jurisconsultes empruntaient à Loysel, pour le répéter à celui qui veut faire une donation : « Qui le sien donne avant mourir, bientôt s'apprête à moult souffrir. »

Les prescriptions de la loi concernant les do-. nations ont pour la plupart trait à la formation du contrat, et, comme telles, elles sont l'œuvre des parties et n'engagent pas la responsabilité du notaire. Ces prescriptions sont celles qui exigent que la donation soit actuelle et irrévocable, et qu'elle soit expressément acceptée par le donataire.

Quelques-unes cependant ont aussi trait à la forme de l'acte: ce sont celles qui exigent, à peine de nullité, la présence des témoins à la lecture et à la signature, et la mention de cette présence, ainsi que celle de l'acceptation.

Ces formalités sont imposées au notaire: les deux premières, c'est-à-dire la présence des témoins et la mention de cette présence, par l'article 2 de la loi du 21 juin 1843. « A l'avenir, » dit cet article, les actes notariés contenant dona- » tion entre vifs, donation entre époux pendant » le mariage..., seront, à peine de nullité, reçus » conjointement par deux notaires, ou par un » notaire en présence de deux témoins. La pré-

» sence du notaire en second et des témoins n'est
» requise qu'au moment de la lecture des actes
» par le notaire et de la signature par les parties;
» elle sera mentionnée à peine de nullité. » Le
législateur ne s'est occupé ici que des donations
entre vifs et des donations entre époux pendant
le mariage. Quant aux donations par contrat
de mariage, elles restent soumises au Droit
commun, et leur présence ne change rien à la
forme de l'acte. Le notaire n'aura pas besoin
de faire venir de témoins, ni de faire accepter
expressément.

III. — La loi du 21 juin 1843, article 2, exige
également la présence des témoins et la mention
de cette présence pour les actes contenant révocation de donation ou de testament, reconnaissance d'enfants naturels et les procurations pour
consentir ces divers actes.

La loi ne s'étant pas exprimée à l'égard des autres actes, tels que la donation, le contrat de
mariage, la constitution d'hypothèque, pour lesquels la loi exige l'authenticité, on s'est demandé
si la procuration pour consentir ces divers actes
ne pourrait pas être donnée dans la forme des
sous seings privés.

Pour la validité du mandat sous seing privé
on invoque l'article 1985 C. civ. qui pose en principe que le mandat peut être donné par acte public
ou par acte sous seing privé, que le législateur a
eu soin d'indiquer les cas où il a voulu déroger à

cette règle, que les exceptions ne se suppléent pas, surtout quand il en résulte une nullité.

Pourtant nous ne croyons pas cette opinion fondée. Le but de l'authenticité voulue par le législateur serait manqué, si l'on pouvait s'obliger sans paraître devant l'officier public. Le mandant pourra nier son écriture, d'où la source de nombreux procès ; il sera exposé aux suggestions que la loi a voulu éviter et on ne sera point sûr que son consentement a été donné en parfaite connaissance de cause et avec une entière liberté d'esprit. L'art. 1985 énonce bien les divers modes de mandat, mais sans préjuger la question de savoir dans quels actes on devra recourir à tel mode plutôt qu'à tel autre. La forme du mandat doit donc être nécessairement subordonnée à la forme essentielle de l'acte qu'il a pour objet.

IV. — AUTRES ACTES SPÉCIAUX.

Il reste encore un assez grand nombre d'actes que le législateur a entourés de formalités particulières ; mais comme il serait trop long, pour le cadre que nous nous sommes tracé, d'examiner séparément chacun d'eux, nous nous contenterons de les énumérer en indiquant les articles des Codes ou les lois qui les régissent.

Les actes soumis à ces formalités particulières sont les actes respectueux (art. 151 et suiv. C.

civ.), les subrogations (art. 1249 et suiv. C. civ.), les offres réelles (art. 1257 et suiv. C. civ.), les inventaires (art. 451 C. civ. et 941 et suiv. C. proc. civ.), les contrats d'apprentissage (lois des 22 février et 4 mars 1851), les protêts (art. 173 et suiv. C. comm.), les contrats de mariage (art. 68 C. comm., loi des 17 juin 2-10 juillet 1850), les contrats de Société (l. 24 juillet 1867, art. 55 et suiv.), les lettres de voiture (art. 102 C. comm.), les contrats d'affrètement (art. 273 C. comm.), les connaissements (art. 281 C. comm.), les contrats à la grosse (art. 311 C. comm.), les contrats d'assurance (art. 332 C. comm.).

CHAPITRE IV

VALEUR DE L'ACTE

NUL COMME AUTHENTIQUE

L'article 1318 du Code civil répond à cette question de la manière suivante : « l'acte qui n'est point authentique par l'incompétence ou l'incapacité de l'officier, ou par un défaut de forme, vaut comme écriture privée, s'il a été signé des parties. » Et l'article 68 de la loi de ventôse donne une solution analogue. « Tout acte, fait en contravention aux dispositions contenues aux articles 6, 8, 9, 10, 14, 20, 52, 64, 65, 66 et 67, est nul s'il n'est pas revêtu de la signature de toutes les parties ; et, lorsque l'acte sera revêtu de la signature de toutes les parties contractantes, il ne vaudra que comme écrit sous signature privée, sauf dans les deux cas, s'il y a lieu, des dommages-intérêts comme le notaire contrevenant. »

Bien que ces articles paraissent s'étendre à tous les actes notariés, il est cependant un grand nombre de cas où ils seront inapplicables.

Ainsi il faudra bien se garder de les appliquer aux actes pour lesquels l'authenticité est exigée,

non pas *ad probationem,* mais *ad solemnitatem,*
par exemple, le testament notarié, le contrat de
mariage, la donation, la constitution d'hypothèque. L'authenticité étant rigoureusement exigée
par la loi pour la validité de l'acte, dès que ce
caractère lui manque, l'acte est entièrement nul
et ne peut produire aucun effet.

Ce n'est donc qu'aux actes pour lesquels la
forme notariée n'est pas indispensable que l'art.
1318 s'applique, et encore faut-il que ces actes
aient l'apparence de l'authenticité, c'est-à-dire
qu'ils soient signés par un notaire, car, sans cette
signature, l'acte ne peut avoir ni la réalité, ni l'apparence de l'authenticité, et il ne peut valoir
comme sous seing privé qu'autant qu'il réunit
toutes les conditions requises pour la validité de
ces derniers actes.

Le principe que nous venons de poser ci-dessus
était déjà admis dans notre ancienne jurisprudence, et ce qui le prouve, c'est un texte de Boiceau (Preuve par témoins, liv. II, ch. IV) qui est
ainsi conçu :

« *Numquid ex tali scripto, tanquam ex chiro-*
» *grapho privato, creditor uti poterit in debitorem*
» *hoc modo. Peto a Titio ut signum suum agnos-*
» *cat, tali instrumento appositum quo fassus est*
» *se mihi debere centum eique hoc nomine subs-*
» *cripsit, ut agnitione factâ solvere compellatur ?*

» *Puto quod hæc actio inepta non esset, non*
» *quidem virtute et auctoritate notariorum, sed*

» *virtute solius subscriptionis factæ per debitorem*
» *quam denegare viro probo indignum erit.* »

Potier et Dumoulin admettaient également
cette manière de voir et la formulaient en ces
termes: « *si actus non valet ut agitur valeat ut
valere potest, concurrente voluntate.* »

En effet, voilà deux personnes qui veulent garantir leur convention par un acte revêtu des
caractères de l'authenticité. Les formalités à remplir dans ce but sont, nous l'avons vu, nombreuses. Il peut se faire que l'une d'elles échappe
aux parties ou au notaire. On a, par exemple,
oublié de mentionner les noms et demeures des
témoins: cela suffit pour empêcher l'acte d'être
authentique. Sans doute, la preuve parfaite que
voulaient se ménager les contractants n'a pas été
constituée, mais enfin la convention existe, les
parties ont fait des déclarations formelles, tout
cela est écrit, signé des parties, du notaire et des
témoins. La loi ne pouvait manquer de tenir
compte de ces circonstances, et l'article 1318 du
Code civil se justifie d'autant mieux que si l'on
s'était contenté de laisser aux parties contractantes l'unique ressource d'actionner en responsabilité le notaire rédacteur de l'acte, ce secours
eût été parfois inefficace et illusoire.

D'après les deux textes que nous avons cités,
ce qui importe, ce qui forme la condition essentielle, c'est la signature des parties. Quelle est la
valeur de cette règle?

Est-ce à dire qu'on exigera la signature de toutes les personnes qui ont figuré à l'acte à quelque titre que ce soit ? Evidemment non ; il suffira qu'il soit signé de celles qui ont été véritablement parties contractantes. Si la signature d'une personne, à tort dénommée partie dans un contrat, venait à manquer et que l'acte authentique fût nul, par exemple, pour incapacité du notaire rédacteur, ce manque de signature n'empêcherait pas l'acte de valoir comme sous seing privé. La Cour de Cassation, dans un arrêt du 26 janvier 1870, l'a décidé dans une espèce où il s'agissait de l'absence de signature par une femme qui, dans un contrat de vente consentie par son mari, n'était intervenue qu'en qualité de garant solidaire.

La question devient plus délicate quand il s'agit, dans un acte, de plusieurs personnes qui s'engagent soit conjointement, soit solidairement. Si toutes l'ont signé, pas de difficultés. Mais qu'arrivera-t-il si quelques-unes ne l'ont pas signé?

Les auteurs se sont divisés sur ce point. M. Toullier enseigne que l'exécution du contrat peut être poursuivie par le créancier contre ceux qui ont signé ; par la raison que, bien qu'en contractant, il ait voulu avoir plusieurs débiteurs, il est libre de se contenter d'un seul.

En revanche il permet aux débiteurs, signataires de l'acte, de contraindre le créancier à exécuter la convention en offrant de satisfaire immédiatement et dans toute leur étendue aux obligations qu'ils ont contractées solidairement, chaque partie ayant le droit de se départir du contrat, tant que l'autre n'a pas exprimé sa volonté.

Cette doctrine est trop manifestement contraire à la logique et à l'équité pour qu'on puisse l'accepter; sans doute, en ce qui concerne le créancier, elle peut paraître juste, car si ses sûretés sont diminuées et qu'il accepte néanmoins cette situation, rien de mieux, mais il n'en est pas de même de l'obligé dont la situation va se trouver singulièrement aggravée, privé qu'il est du recours qu'il avait espéré contre ses co-obligés, par suite d'une négligence dont il n'est pas coupable. Il est certainement plus logique et plus équitable de considérer l'acte comme nul et nul pour le tout, nous nous rallions en cela à l'avis de M. Bonnier adopté par un arrêt de rejet du 26 juillet 1832 portant : « que, sauf la preuve contraire résultant des circonstances et notamment de celle que les co-débiteurs dont les signatures manquent ne seraient que des cautions, le défaut de signature de la part de l'un des co-débiteurs rend l'acte nul. »

Faut-il aller plus loin et déclarer avec Marcadé que, dans ces conditions, la convention elle-même est nulle ? Nous ne le pensons pas. Rappelons-nous la distinction que nous avons posée plus haut entre la convention et la preuve. En principe ce qui est nul en pareille occurrence, ce n'est pas la convention, mais seulement la preuve de cette convention même résultant de l'écrit qui la renferme.

Nous venons de voir que pour que l'acte nul comme authentique pût valoir comme sous seing privé, il fallait, comme condition *sine qua non*, qu'il fût signé par les parties. Cela est tellement nécessaire que si l'une d'elles ne l'a pas fait, l'attestation du notaire qu'elle a déclaré ne pouvoir ou ne le savoir faire est insuffisante pour que l'acte vaille comme sous seing privé.

Mais ne faut-il pas quelque chose de plus ? N'est-il pas nécessaire, dans les cas prévus par les articles 1325 et 1326 du Code civil, que l'écrit satisfasse en outre aux conditions particulières exigées par ces articles ?

Aux termes du premier : Les actes sous seing privé, qui contiennent des conventions synallagmatiques, ne sont valables qu'autant qu'ils ont été faits en autant d'originaux qu'il y a de parties ayant un intérêt distinct.

D'après le second : Le billet ou la promesse sous seing privé, par lequel une seule partie s'engage envers l'autre à lui payer une somme d'argent ou une chose appréciable, doit être écrit en entier de la main de celui qui le souscrit ; ou, du moins, il faut qu'outre sa signature il ait écrit de sa main un bon ou un approuvé portant en toutes lettres la somme ou la quantité de la chose.

Bien que quelques auteurs aient voulu faire une distinction, nous croyons pouvoir répondre négativement. Et en effet l'acte authentique ne devient pas sous seing privé, mais il vaut comme tel, ce qui revient à dire qu'il a la même force, bien qu'il ne remplisse pas les mêmes conditions. C'est ce que dit très bien M. Bonnier (t. II, n° 491).

Exiger l'observation de ces conditions ce serait retirer d'une main ce qu'on accorde de l'autre, car il est évident que les parties, qui se sont adressées à un notaire afin de faire constater leurs conventions, n'ont pas pu s'assujettir à des formes qui ne sont pas requises dans les actes publics.

Il suffit d'ailleurs de se rendre compte des motifs qui ont fait exiger ces formalités pour les actes sous seing privé pour reconnaître que ces motifs n'existent pas ici.

Le bon et approuvé est exigé par crainte de l'abus possible et toujours facile d'un blanc-seing.

Pour les doubles, c'est la nécessité de laisser l'acte à la merci d'un seul des contractants qui peut le détruire ou en altérer notablement la substance.

Or ici le danger n'existe pas, le but des doubles est parfaitement rempli, l'acte est en lieu sûr, à la portée de chaque partie et à la merci d'aucune d'elles. D'autre part l'abus de blanc-seing n'est pas à craindre puisque la signature ne doit être apposée sur un acte notarié qu'après l'accomplissement de nombreuses formalités au nombre desquelles se rencontre la lecture du contenu de l'acte faite aux parties.

Un doute s'est élevé dans la doctrine en ce qui

concerne les actes en brevet, c'est-à-dire, ceux qui sont laissés entre les mains des parties, après avoir été signés et scellés par le notaire rédacteur. Notre réponse sera la même, alors même qu'il s'agirait d'un acte pour lesquels la loi exige à peine de nullité qu'ils soient passés en minute. Notre article 1318 et l'art. 68 de la loi de ventôse le déclarent formellement. Il est vrai qu'un tel acte présentera cet inconvénient d'être à la merci des parties, mais la loi ne paraît pas avoir visé ce cas.

Tous les actes entachés de nullité rentrent-ils dans le cadre de l'article 1318 ? Non évidemment. L'art. 1318 ne s'applique qu'aux actes défectueux pour incompétence, incapacité ou défaut de forme. Il est certain, malgré ses termes généraux, qu'il ne faut entendre par là que des vices secondaires et relatifs laissant subsister dans une large mesure les garanties inhérentes à la forme authentique.

C'est, en effet, l'autorité résultant de ces garanties qui a motivé la disposition de l'article 1318 et a fait prendre en pareille considération, par la loi, un acte nul sous la forme où les parties entendaient le constituer. Il faut donc, pour qu'il puisse valoir à titre d'écriture privée, qu'il offre au moins toutes les apparences de l'authenticité.

Ainsi en première ligne faut-il exiger la signature du notaire, car si la nullité provenait du manque de cette signature, il n'y aurait plus rien qui ressemblât à l'authenticité. C'est ce que la

Cour de Riom a décidé par un arrêt du 13 juin 1855, en disant que l'exception faite par la loi de ventôse et par le Code aux principes généraux ne saurait protéger l'acte, lorsqu'il n'a pas été signé du notaire, qui aurait pu être incompétent ou incapable pour le recevoir, mais dont la signature n'en présenterait pas moins la garantie d'un homme public, confident des parties et témoin de leurs engagements respectifs.

Serait nul également, même en tant que sous seing privé, l'acte qui aurait été reçu par une personne frappée d'une incapacité absolue, comme un simple particulier se faisant passer à tort pour un notaire, ou même un officier public ne pouvant pas recevoir des actes notariés comme serait un huissier recevant un acte de vente. Dans ce cas, en effet, plus d'authenticité même possible, partant plus de garantie, et un pareil acte pour valoir devrait réunir toutes les conditions d'un acte sous seing privé ordinaire.

Les vices de forme, qui empêchent l'acte notarié de valoir comme tel, sont aux termes de l'art. 68 de la loi de ventôse, ceux qui résultent d'une contravention aux articles 9, 10, 12, 14 et 20 de cette loi.

Ledit article 68, en renvoyant à l'article 14, semble embrasser le défaut de signature par l'officier public ; nous avons vu que tel n'est pas l'esprit de la loi.

Cette restriction faite, quels que soient les vices de forme, l'acte signé par les parties vaudra

toujours comme sous seing privé. Si les parties
avaient toutefois subordonné la formation du
contrat à la condition que l'acte serait valable,
sinon comme authentique, du moins comme
sous seing privé, leur volonté serait souveraine,
et l'acte serait nul, s'il n'était pas rédigé en con-
formité des articles 1322 et suivants du C. c., car
les conventions font la loi des parties. (A. 1134.)

DEUXIÈME PARTIE

DE LA FOI DUE A L'ACTE NOTARIÉ

Cette matière assez simple en elle-même, si on s'applique à bien distinguer ce que l'on entend par la force probante de l'acte en la séparant des effets mêmes de cet acte, a été assez mal définie dans les art. 1319 et 1320 où elle est traitée ; on y a en effet confondu ces deux choses si distinctes : la foi due à l'acte et les effets de cet acte.

Cette confusion qui, si l'on en croit Dumoulin, remonte à une époque fort éloignée, nous vient de Pothier, dont la sagacité ordinaire avait, en cette occasion, été mise en défaut.

La plupart des commentateurs, copiant servilement le Code et Pothier, n'ont point relevé l'erreur que nous signalons.

Notre travail consiste à mesurer le degré de foi que méritent les diverses énonciations contenues dans les actes. Ces énonciations peuvent se ranger dans deux catégories qui ne doivent pas, à beaucoup près, jouir du même crédit et qu'il importe par suite de bien distinguer.

L'officier public, chargé par les parties de rédiger un acte, est obligé de consigner, dans l'écrit qu'il dresse devant elles, deux catégories de faits. Les uns, qui se passent en sa présence et dont il est le témoin obligé, qu'il affirme avoir vus ou entendus, plus généralement les faits qu'il affirme sur le témoignage des sens (Dumoulin, *Comment. sur la Cout. de Paris*, 2, 1, § 64). Les autres qu'il n'a ni vus ni entendus, mais qui convenus entre les parties lui ont été rapportés par elles et qu'il a consignés textuellement dans l'acte sur leur déclaration.

On comprend tout d'abord la différence qui doit exister entre ces deux sortes de faits au point de vue de leur force probante : les premiers sont affirmés par l'officier public qui a reçu de la loi une mission spéciale pour cette affirmation ; les autres, au contraire, sont simplement rapportés par les parties et tout ce qui peut, quant à ces derniers, être considéré comme certain et incontestable, c'est qu'ils ont été racontés tels qu'ils sont reproduits par le notaire.

V. g. Un acte notarié mentionne dans une vente la numération du prix devant le notaire et sa remise entre les mains du vendeur : c'est là une affirmation qui ne peut plus être contestée, du moins par les voies ordinaires, car l'officier public a été témoin de ces faits. S'agit-il, au contraire, de la déclaration faite par l'acquéreur qu'il a emprunté le prix de la vente à un tiers dont il se reconnaît le débiteur, cette dernière énonciation, ramenée dans l'acte, ne prouve qu'une chose, c'est qu'en réalité la déclaration a été ainsi faite ; le fait du prêt, au contraire, rentre complétement dans le Droit commun, et la mention qui en est contenue dans l'acte ne suffit point pour l'établir.

Hâtons-nous d'ajouter qu'il est souvent, dans les actes notariés, des affirmations émanées directement du notaire et qui n'ont point la force probante ordinaire, ce sont celles qu'il fait en dehors de ses attributions et au sujet desquelles il est incompétent.

Ainsi, dans un testament, le notaire déclare que le testateur est sain d'esprit, que tel témoin n'a subi aucune condamnation, etc., voilà autant d'affirmations dont on sera admis à critiquer l'exactitude, car, sur tous ces points, il faut, soit des connaissances spéciales que le notaire peut ne pas avoir, soit des renseignements qu'il est impossible de se procurer au moment de la confection de l'acte.

La distinction entre les déclarations du notaire et celles des parties a cette importance capitale, que tout ce que le notaire déclare, sur le témoignage de ses sens, dans la limite de ses attributions, fait preuve complète *erga omnes,* tandis que les parties de l'acte où l'officier public n'a pour ainsi dire fait qu'écrire, sous la dictée des contractants, n'ont de force probante et d'effet qu'entre les parties et ne sauraient être opposées aux tiers, intéressés souvent à suspecter la sincérité de ces déclarations.

CHAPITRE PREMIER

FOI DUE A L'ACTE

Le caractère qui distingue profondément l'acte authentique de l'acte sous seing privé, c'est qu'il porte en lui-même sa preuve, c'est qu'il est son propre témoin et fait foi par le seul fait de son existence. Il se suffit à lui-même et n'a besoin d'être corroboré ni par une reconnaissance, ni par une vérification d'écriture « *Acta probant seipsa* » suivant l'expression énergique de Dumoulin.

Cette présomption de vérité, que la loi attache à la force extérieure, se justifie par les considérations les plus puissantes. L'acte, qui a l'extérieur de l'authenticité, présente, en effet, par cela même, des garanties qui manquent nécessairement à l'acte sous seing privé. La signature des officiers publics est généralement plus connue que celle des simples particuliers ; elle est soumise dans les cas où elle pourrait être moins connue, à la formalité de la légalisation ; leurs actes sont assujettis à un certain nombre de formalités ; ils exigent la présence soit d'un second officier public, soit de plusieurs témoins ; les actes notariés doi-

vent porter l'empreinte d'un cachet ou d'un sceau
particulier ; le faux en écriture publique est puni
plus sévèrement que le faux en écriture privée
(Art. 147 et 150 Code pén.), toutes circonstances
qui rendent le premier de ces faux plus difficile
et plus rare que le second.

L'acte authentique faisant pleine foi n'est pas
susceptible d'être attaqué par la preuve contraire:
*Contra scriptum testimonium, testimonium non
scriptum non fertur* (L. 2 Code *de Testibus,* Code
civ., 1241). Nous ne sommes plus au temps où
régnait cette maxime dangereuse et imprudente
que « témoins passent lettres. » A quoi serviraient
l'intervention de l'officier public et les solennités
prescrites par le législateur si, contre la teneur
de l'acte, on pouvait alléguer, soutenir et prouver.

C'est ce qu'exprime très bien M. Demolombe.
« Il faut bien , pour la sécurité sociale et
pour le repos des familles, qu'il y ait quelque
chose de certain ; il faut que la loi offre aux parties un moyen de constater, une fois pour toutes,
leurs droits solidement, sans être obligées de faire
plus tard, en quelque sorte, la preuve de leur
preuve. Tel est précisément le titre authentique:
« *Probatio probata, non probanda,* » suivant le
mot du président Faivre. »

Les notaires, jouissant du privilége de donner
l'authenticité aux actes qu'ils dressent, il s'en suit
que tous les écrits, qu'ils signent dans l'exercice
de leurs fonctions, doivent être considérés comme
étant l'expression exacte de la vérité, et cela à

l'égard de tous, aussi bien ceux qui ont assisté et participé à leur confection que ceux qui y ont été tout à fait étrangers. Aussi l'article 19 de la loi de ventôse dit-il d'une façon générale que tous les actes notariés font pleine foi en justice.

Ce n'est pas à dire cependant que l'authenticité soit un caractère sacré qui mette un acte à l'abri de toute attaque, il faut, en toutes choses, faire une large part à la faiblesse humaine, et tout en admettant que, dans l'immense majorité des cas, ceux auxquels la société concède le privilége dont nous parlons s'en montreront dignes, on peut raisonnablement supposer que quelques-uns en feront un mauvais usage, et par faiblesse ou impéritie, le feront tourner contre ceux qui en réclament les avantages. L'inscription de faux est le moyen que donne la loi pour parer aux dangers d'une telle situation ; aussi dit-on généralement que l'acte authentique fait foi jusqu'à inscription de faux, ce qui signifie que, tant qu'on n'aura pas pris contre l'acte notarié la voie difficile et périlleuse de l'inscription de faux, toutes les allégations que l'on pourrait porter contre la vérité de son contenu sont inutiles et n'aboutissent à rien. Pourtant, presque tous les auteurs et la jurisprudence admettent que le juge peut, sans inscription de faux préalable, déclarer faux et rejeter comme tel un acte authentique dont la contexture, la forme et l'ensemble présenteraient des vices tellement matériels et palpables, que la simple inspection oculaire suffirait pour rendre évidente la fausseté ou l'altération de l'acte (1).

Contre quelles personnes l'acte authentique notarié fait-il foi ?

A s'en tenir aux termes de l'article 1319 du Code civil, il semblerait que l'acte ne fait foi qu'entre les parties contractantes.

« Art. 1319. L'acte authentique fait pleine foi de la convention qu'il renferme entre les parties contractantes et leurs héritiers ou ayants-cause. »

Ainsi donc, par *a contrario,* il semble que les tiers sont exclus et il n'y a à leur égard aucune force probante.

Cette affirmation paraît choquante au premier abord et, en même temps, on sent d'instinct qu'il y a quelque chose de vrai dans cette indépendance des tiers vis-à-vis d'un acte intervenu entre particuliers. On sait combien les inductions tirées du silence de la loi sont dangereuses; c'est risquer de faire dire au législateur le contraire de ce qu'il a voulu dire. En effet, la rédaction de l'article 1319 est défectueuse; elle provient de ce que les rédacteurs du Code ont copié servilement les expressions de Pothier qui semble être tombé dans une confusion très commune de son temps entre la force probante de l'acte authentique et ses effets. C'est à Dumoulin

---

(1) Aubry et Rau, VIII, p. 212, Req., rej., 23 août 1836 (S., 36, 1, 74.)

que revient l'honneur d'avoir réglementé scientifiquement cette importante matière.

« *Quoad veritatem seu probationem*, dit-il, *plenam fidem facit quoad omnes ; nedum inter patronum et clientem vel eorum hæredes, vel causam habentes, sed etiam contra quoscumque extraneos.* » Et il ajoute « *Publicum instrumentum ergà omnes est æque publicum et probans* (1). »

Il n'y a pas un mot dans les travaux préparatoires qui marque l'intention d'établir une distinction là où il n'y a aucun motif de distinguer. Bien plus, Jaubert, le rapporteur du Tribunat, déclarait en propres termes : « l'acte authentique fait pleine foi doit s'entendre à l'égard des tiers. Notre projet établit ou plutôt consacre une ancienne maxime que la foi publique a fait admettre. »

Et en effet que deviendrait l'utilité du notariat si l'autorité du témoignage officiel restait enfermée dans les limites étroites des parties et ne prouvait plus rien à l'égard des tiers ? En quoi une pareille preuve serait-elle plus solide, plus énergique, plus avantageuse qu'une simple reconnaissance privée ? Dans tous les cas, si, *inter partes*, on pouvait lui trouver quelques avantages, il faut avouer qu'ils ne suffiraient pas à justifier la confiance publique dont les actes authentiques sont entourés. Oui, il faut que l'acte authentique

(1) *Cout. de Paris;* n°ˢ 8 et 10, tit. 1.

prouve à l'égard de tous ; car, au fond, qu'est-ce que l'authenticité, sinon l'autorité même de la loi se communiquant aux actes des particuliers ? Dire cet acte est authentique, c'est comme si l'on disait : au nom de la loi, vous tiendrez cet acte pour vrai, or la loi est générale ; quand on parle au nom de la loi, on parle à tous.

L'acte notarié, loi particulière que se sont imposée les parties, parle donc à tous, mais il ne s'applique qu'aux parties, il n'est exécutoire que pour elles. Voilà toute la différence, et l'art. 1319, quelle que soit sa rédaction vicieuse, n'a pas voulu dire autre chose.

Ainsi se combinent deux grandes règles également absolues « *acta fidem faciunt inter quoscumque* » : c'est la force probante ; « *res inter alios acta neque nocet, neque prodest* » : c'est la force obligatoire.

Pourtant cette dernière règle pourra, dans certains cas, par la force même des choses, préjudicier aux tiers, mais alors ce sera non pas *ex vi conventionis*, mais *ex dispositione juris*. Ex. :

Le possesseur d'un immeuble, qu'il a acquis de bonne foi et par un juste titre authentique *a non domino*, est actionné en revendication par le véritable propriétaire. S'il possède depuis plus de dix ou vingt ans, il lui opposera la prescription acquisitive en vertu de l'article 2265. Le revendiquant, qui n'est en aucune façon l'ayant-cause de celui qui a transmis par acte authentique l'immeuble au défendeur, pourra-t-il soutenir que cet acte qu'on lui oppose ne fait pas foi contre lui et qu'il ne prouve ni l'aliénation, ni la date de cette aliénation? Evidemment non, et nul n'oserait le prétendre. Ce même contrat de vente, consenti *a non domino* à un acquéreur de bonne foi et suivi d'une possession suffisante, préjudicie encore au véritable propriétaire, en ce que ce contrat donne à l'acquéreur le droit de faire les fruits siens, non pas en vertu dudit contrat, mais en vertu de la disposition du Droit, aux termes des articles 549 et 550 du Code civil, qui veulent que le possesseur de bonne foi fasse les fruits siens, lorsque sa possession est fondée sur un titre habile à transférer la propriété et dont il ignore les vices.

De quoi l'acte authentique fait-il foi, jusqu'à inscription de faux?

L'acte authentique fait foi jusqu'à inscription de faux de tout ce que le notaire atteste avoir constaté *de visu et auditu,* dans les limites de ses attributions, la date, l'apposition des signatures, la numération des deniers, les déclarations des parties. Mais bien entendu en ce qui concerne ces dernières, comme il est possible que l'officier public ait été trompé lui-même par des déclarations erronées, on pourra toujours les dénier par toute espèce de preuve.

Et en effet, malgré sa science, malgré sa probité et son zèle, il peut se faire que certains moyens de constatation lui manquent et qu'il soit dans l'impossibilité radicale d'éviter l'erreur qu'il va consigner.

Ne pas admettre la preuve contraire serait commettre une injustice. La logique, du reste, autant que l'équité, commande cette solution; car enfin cet acte où le notaire a écrit, d'après les parties, des dispositions entachées, à son insu, de violence ou de dol, est-il faux ? Non; en tant qu'acte, il est parfaitement régulier, et le notaire, témoin officiel, a rempli toute sa mission en reproduisant fidèlement, comme un écho, la déclaration des parties.

L'acte contient la convention comme une coupe contient un liquide; dans l'espèce qui nous occupe, le contenant est exact, c'est le contenu qui est empoisonné. C'est donc à ce contenu qu'il faut s'en prendre.

C'est la convention que la partie lésée doit attaquer, par les moyens que la loi a appropriés à cet effet, l'action en nullité ou rescision. Il est vrai que si la convention est annulée, l'acte tombe, mais ce n'est pas à cause d'un vice qui lui était inhérent, c'est par voie de pure conséquence : une fois vide, la coupe devient inutile.

Nous devons ajouter que le notaire ne peut imprimer l'authenticité qu'aux faits qu'il avait mission de constater : s'il s'agit, par exemple, d'un testament, s'il déclare que le testateur était sain d'esprit ou qu'il ne l'était pas, son affirmation ne vaut que comme une appréciation toute personnelle qui pourra être combattue par la

preuve contraire, comme dit très bien M. Larombière: « De semblables faits, par leur nature
même, échappent à toute authenticité, parce
que l'officier public ne peut en apprécier l'existence que par les lumières de sa propre raison,
sujette à erreur, sans qu'il puisse s'en convaincre
par le témoignage de ses sens. »

Il en est de même de tout ce que cet officier
public peut dire et constater en dehors des faits
qu'il a pour mission spéciale de constater.

En dehors du dispositif proprement dit, où les
conventions sont conclues et arrêtées entre les
parties, il existe le plus souvent, dans le corps des
actes, certaines énonciations qui ont un rapport
plus ou moins direct avec la convention, de telle
sorte qu'on pourrait les retrancher sans modifier en rien l'engagement que les parties se sont
proposé de contracter: « *Facta vel circumstantiæ
quæ tunc nec fiunt nec disponuntur, sed tantum
recitantur* (1). »

Nous devons nous arrêter un instant sur ce
point et nous demander quelle valeur elles peuvent présenter au point de vue de la force probante de l'acte.

L'art. 1320, qui s'occupe de ce point, est ainsi
conçu :

L'acte, soit authentique, soit sous seing privé,
fait foi entre les parties, même de ce qui n'y est

_____

(1) Dumoulin, *Coutume de Paris,* tit. 1, nos 8, 10 et s.

exprimé qu'en termes énonciatifs, pourvu que l'énonciation ait un rapport direct à la disposition. Les énonciations étrangères à la disposition ne peuvent servir que d'un commencement de preuve.

Lorsque l'article 1320 dit que l'acte ne fait foi de ce qui est exprimé en termes énonciatifs qu'autant que l'énonciation a un rapport direct avec la disposition et qu'il vaut seulement comme commencement de preuve quand l'énonciation est étrangère à la disposition, il doit s'entendre non de l'énonciation en elle-même, laquelle est attestée d'une manière complète par l'officier public, mais de la convention que la partie qui l'invoque prétend en faire sortir. Cette convention sera prouvée ou rendue seulement vraisemblable, selon que l'énonciation aura ou n'aura pas un rapport direct avec la disposition de l'acte. L'article 1320 nous paraît donc avoir confondu la preuve de l'énonciation avec la preuve de la convention que cette énonciation suppose : ce qu'il dit de l'une doit s'entendre de l'autre.

L'art. 1320 divise les énonciations en deux catégories : il distingue celles qui ont un rapport direct et prochain avec le dispositif, de celles qui n'ont avec lui qu'une relation éloignée et sont en quelque sorte étrangères au but que les parties se proposaient en contractant. Nous empruntons à Pothier deux exemples qui feront mieux sentir la différence :

Pierre fait un acte dans lequel il reconnaît de-

voir à Paul, depuis plusieurs années, une certaine rente dont ce dernier ne possédait pas encore le titre : dans cet acte, Pierre fait insérer
qu'il a payé les arrérages jusqu'à ce jour. Cette
proposition constitue une énonciation, car elle
n'appartient pas au dispositif de l'acte qui a pour
but de fournir à Paul un titre de son droit et non
pas de donner à Pierre une quittance des arrérages antérieurement payés. De plus, cette énonciation a un rapport direct avec le dispositif, car
il est évident qu'il ne peut être indifférent à Paul
de laisser insérer que tous les arrérages de la
rente lui ont été payés par Pierre jusqu'au jour
de la rédaction de l'acte.

Au contraire vous me vendez un immeuble et
vous déclarez que cet immeuble vous provient
de telle succession que vous avez recueillie, cette
énonciation, qui est là comme un hors-d'œuvre,
n'a pas dû frapper l'attention des parties. Il y aurait danger de reconnaître à ces énonciations in-
directes la même foi que l'on attache aux énonciations directes et au dispositif.

La question de savoir si une énonciation a un
rapport direct ou non à la disposition est une
question de fait dont la solution appartient à
l'appréciation des magistrats.

Quant à la force probante entre les parties, il
n'est pas douteux que les actes authentiques font
foi, jusqu'à inscription de faux, des énonciations
directement relatives au fait juridique qui en
forme l'objet principal, car leur autorité découle

de la même source que l'acte lui-même, le témoignage du notaire. Quant aux énonciations indi-
rectes, elles ne servent que d'un commencement
de preuve par écrit, c'est-à-dire qu'elles permet-
tent de prouver par témoins le fait litigieux.

Pour ce qui est des tiers, Toullier, Duranton
et Zachariæ enseignent que les actes authentiques n'ont à leur égard aucune force probante,
en ce qui concerne les énonciations même directement relatives à la convention ou disposition
principale.

Et pourtant ces énonciations, quand elles sont
directement relatives à la convention principale,
valent, entre les parties, comme aveu ou reconnaissance des faits sur lesquels elles portent.

L'acte qui les contient prouve l'existence de cet
aveu ou de cette reconnaissance, et cette preuve
il la fournit à l'égard des tiers, aussi bien qu'entre
les parties. Vainement se prévaut-on des termes
de l'article 1320 « fait foi entre les parties, » termes qui semblent implicitement refuser, en ce
qui concerne les tiers, toute force probante aux
simples énonciations contenues dans un acte authentique.

Cette objection se réfute par les mêmes considérations qui nous ont fait étendre l'article 1319,
car l'article 1319, tel qu'il est rédigé, fournit la
même induction quant à la convention ou disposition principale, et cependant tout le monde
s'accorde à repousser cette induction et à reconnaître qu'en ce qui concerne la disposition prin-

cipale, l'acte fait pleine foi à l'égard des tiers comme entre les parties. Maintenant, si l'on se demande quel est, vis-à-vis des tiers, l'effet de ces énonciations, il est bien évident qu'on ne pourra jamais les invoquer contre eux, car il n'est pas permis d'établir, dans une convention privée, des droits au détriment des tiers. Ainsi, lorsque l'acte de vente d'une maison énonce qu'il existe, au profit de cet immeuble, un droit de vue ou de passage sur la cour du voisin, cette énonciation, bien que directement relative à la convention principale, ne forme pas, pour l'acquéreur, un titre en vertu duquel il puisse réclamer la servitude.

Dans l'ancien Droit, on en était arrivé à décider que les énonciations contenues dans un titre ancien feraient preuve complète, même contre les tiers.

L'ancienneté de l'acte diminuait la suspicion que l'on pouvait concevoir pour lui: *In antiquis*, dit Dumoulin, *verba enuntiativa plene probant et in præjudicium tertii, etiamsi essent incidenter et propter aliud prolata.* Cette doctrine, surtout admise en matière de servitude et comme correctif de la règle coutumière « nulle servitude sans titre » nous paraît avoir été formellement proscrite par l'art. 695 du Code civil.

Lorsqu'il s'agit d'une énonciation absolument étrangère à la convention ou disposition que l'acte a pour objet principal de constater, les parties ne peuvent être présumées avoir fixé leur attention sur le fait ainsi énoncé, ni conséquemment avoir entendu qu'il fût regardé comme reconnu par l'une d'elles au profit de l'autre. Quant aux tiers, de pareilles énonciations ne peuvent pas même servir de commencement de preuve, puisqu'elles n'émanent pas d'eux.

CHAPITRE II

DE L'INSCRIPTION
DE FAUX.

L'inscription de faux est le moyen que la loi donne de faire tomber un acte authentique qui est entaché de mauvaise foi. La loi s'est toujours montrée très sévère, quand il s'agit de réprimer le crime de faux, à raison même de l'importance qu'elle a donnée aux actes authentiques et des garanties dont ils devaient nécessairement être entourés.

Nous ne décrirons pas ici la marche à suivre pour faire instruire la procédure de faux, ni la nature ni le but d'une telle instance devant les tribunaux criminels. Cette étude nous conduirait trop loin.

Nous devons cependant, dire un mot sur le faux principal et le faux incident, expressions justement critiquées par la plupart des auteurs.

Le faux principal s'applique à la procédure en faux devant la juridiction criminelle, tandis que le faux, incident civil, ainsi que le dit le Code de procédure, s'instruit toujours devant les tribunaux civils.

Il faut se garder de croire que le faux, incident

civil, ne soit que le pendant, la suite du faux principal, comme la demande incidente est la suite de l'action principale en matière ordinaire. Les deux actions sont tout à fait indépendantes l'une de l'autre et ne tendent nullement au même but, pas plus qu'une action en dommages-intérêts ne tend au même but qu'une poursuite directe du ministère public devant les tribunaux de répression.

Dans le faux, incident civil, c'est, comme le dit M. Rodière (1), la pièce seulement qu'on attaque sans inculper la personne qui la produit; dans le faux principal, c'est le faussaire qu'on recherche pour le punir.

Nous aurions cru cette observation inutile si quelques auteurs n'avaient voulu tirer de ces expressions : faux, incident civil, la conclusion que jamais le faux en matière civile ne peut être poursuivi par action principale (2).

EFFETS DE L'INSCRIPTION DE FAUX.

Le législateur a entouré de nombreuses formalités la demande en inscription de faux, et il s'est

(1) *Cours de Compét. et de Procéd civ.*, II, p. 201.
(2) Bonnier, *Traité des preuves*, 3e éd., n° 609.

montré justement sévère pour le demandeur qui succombe.

C'est qu'en effet, elle porte une atteinte très grave au crédit et à la considération du fonctionnaire, rédacteur de l'acte.

Mais, dans le cas où la pièce sera déclarée fausse, quels seront les effets du jugement ?

L'acte doit-il tomber en entier, ou bien seulement dans la partie qui a été reconnue fausse ?

La loi romaine (Const. 41 C. de trans.) se prononçait pour cette dernière opinion qui a été vivement controversée dans l'ancien Droit.

De nos jours, quelques auteurs ont enseigné encore que la confiance que méritent les actes est une et indivisible.

Le faux, dans une partie essentielle de l'acte, annulerait les autres parties quoique séparées ou non connexes, et quoique également principales.

Mais cette opinion n'a pu tenir contre un sérieux examen. Tous les jurisconsultes ont fini par reconnaître d'un commun accord que le faux, dans une partie de l'acte, ne l'infectait pas en entier, et que, puisque les autres parties de l'acte étaient reconnues pour vraies par les intéressés, rien n'était plus naturel que de les valider.

La loi paraît d'ailleurs formelle sur ce point, dans l'art. 463 inst. crim., quand elle dit : Lorsque des actes authentiques auront été déclarés faux, en tout ou en partie, la Cour ou le Tribunal ordonnera qu'ils soient rétablis, rayés ou réformés, et du tout, il sera dressé procès-verbal.

TROISIÈME PARTIE

DES EFFETS DE L'ACTE NOTARIÉ

Ceux-là seuls qui ont figuré dans l'acte, leurs héritiers ou ayants-cause peuvent être obligés par la convention qui en fait l'objet. C'est l'application pure et simple de la règle romaine : « *Res inter alios acta aliis neque nocere, neque prodesse potest* » reproduite par l'article 1165 du Code civil.

Cette règle qui avait déjà été posée par Dumoulin :

« *Aut quæritur quoad jus et effectum actus gesti, et tunc aut inter quos confectum est, eorum hæredes vel causam habentes, aut inter penitus extraneos. In primo membro* (c'est-à-dire quand il s'agit des parties contractantes et de leurs ayants-cause), *plene probat et præjudicat nedum in tenore et dispositivis instrumenti, sed etiam in enuntiativis... in quantum tamen respicit vires et effectum actus principaliter gesti. Secundo membro, videlicet inter extraneos illis non præjudicat, quia res inter alios acta non nocet nec obligat, nec facit jus inter alios.* »

Cette règle est parfaitement logique et se comprend sans peine. Nous avons eu soin, quand nous avons traité de la force probante de l'acte, de faire observer que si l'acte faisait foi *erga omnes,* il ne s'ensuivait pas qu'il était obligatoire pour tous et que c'était dans ce sens qu'il fallait entendre l'article 1319.

Il importe donc d'établir nettement la distinction qui existe entre les ayants-cause et les tiers.

Les ayants-cause, dans un acte notarié, sont tous ceux auxquels peuvent appartenir les droits et incomber les charges des parties relativement à l'acte, plus généralement tous ceux qui, à quelque titre que ce soit, peuvent succéder aux droits des parties contractantes, par exemple, le légataire universel, ou, à titre universel, le légataire particulier, le donataire, l'acquéreur, le cessionnaire.

Les tiers sont tous ceux qui ont acquis, du chef de l'une des parties et antérieurement à la convention relatée dans l'acte, la chose qui a fait l'objet de cette convention, ou un droit sur elle, comme une hypothèque, une servitude, etc.; ils n'ont point paru en personne au contrat et n'ont pas été représentés. Cela suffit, ils ne peuvent être tenus par le fait d'un autre.

Les considérations que nous venons de présenter ont besoin d'un correctif ; notre doctrine n'est vraie qu'autant que nous nous trouverons en présence de droits personnels. Quant aux conventions qui ont pour but de créer des droits réels, elles doivent être acceptées par tous, et nous trouvons la raison de décider ainsi dans un arrêt de Cassation du 22 juin 1864. (Dev., 64, 1, 349.)

Le droit de propriété serait perpétuellement ébranlé, si les contrats destinés à l'établir n'avaient de valeur qu'à l'égard des personnes qui y auraient été parties, puisque, de l'impossibilité de faire concourir les tiers à des contrats ne les concernant pas, résulterait l'impossibilité d'obtenir des titres protégeant la propriété contre les tiers.

Nous avons vu, lorsque nous avons étudié l'acte notarié dans l'ancien Droit, qu'autrefois il emportait de plein droit, et sans convention spéciale, hypothèque sur les biens des débiteurs. Aujourd'hui, il n'en est plus ainsi. L'acte seul n'est plus suffisant pour créer une hypothèque, il faut une convention spéciale : la convention d'hypothèque n'est d'ailleurs valable qu'autant que l'acte qui la contient est reçu par un notaire.

FORCE EXÉCUTOIRE DE L'ACTE NOTARIÉ.

L'article 19 de la loi de ventôse déclare les actes notariés exécutoires de plein droit dans toute la France, c'est-à-dire qu'il n'est pas nécessaire de recourir à justice pour forcer le débiteur à l'exécution de son engagement.

C'est ce qu'on appelle l'exécution parée.

Cette expression vient, suivant Loyseau, de celles employées par le Digeste (L. *40 pr. de minorib.*) : *Parta ex causâ judicati persecutio*, dont on aurait fait, par corruption, *persecutio* ou *executio parata*. Elle n'était attachée, dans l'origine, qu'aux jugements. Les notaires étant primitivement, ainsi que nous l'avons vu, des délégués de l'autorité judiciaire, on imagina de se faire condamner à l'avance par eux, en avouant la dette, ce qui donnait à l'acte volontaire l'autorité d'une sentence. L'ordonnance de 1539 (art. 65), supprimant ces circuits frustratoires, disposa que les lettres obligatoires, passées sous scel royal, seraient exécutoires sur tous les biens meubles et immeubles des obligés. (Loyseau, *De la garantie des rentes*, ch. XII). Lorsque les actes notariés cessèrent d'avoir un caractère judiciaire, on laissa subsister l'intitulé primitif, qui devint commun aux jugements et à ces actes.

Le législateur moderne a maintenu cet effet énergique à l'acte notarié et, par cela même, il a indiqué nettement sa volonté de faire, des notaires, de véritables délégués de la puissance publique.

Pour pouvoir produire cet effet, les actes doivent recevoir la forme exécutoire.

Or, aux termes de l'art. 25 de la loi de ventôse, les grosses seules peuvent être délivrées dans cette forme. Les actes en brevet n'en sont donc pas revêtus ; seulement, quand il sera nécessaire de les faire exécuter, il suffira de les déposer pour minutes en l'étude d'un notaire, qui en délivrera des grosses exécutoires.

La grosse, c'est l'expédition textuelle et littérale de l'acte, au bas de laquelle le notaire qui la délivre appose sa signature et son sceau, après y avoir inséré ce qu'on appelle la formule exécutoire. Cette formule a varié chaque fois qu'il y a eu un changement de gouvernement, elle est actuellement la suivante :

République française. Au nom du peuple français, qui se met en tête de la grosse, et se termine par le mandement qui suit, et que l'on place après la copie de l'acte : En conséquence, le Président de la République française mande et ordonne à tous huissiers, sur ce requis, de mettre les présentes à exécution ; aux procureurs-généraux et aux procureurs de la République près les tribunaux de première instance, d'y tenir la main ; à tous commandants et officiers de la force publique, de prêter main-forte, lorsqu'ils en seront légalement requis.

Alors même qu'il s'élèverait des contestations sur la validité de l'acte, et que le juge en serait saisi, l'exécution n'en devrait pas moins avoir son cours.

La provision est due au titre et c'eût été priver l'acte authentique de sa vertu essentielle que d'en arrêter les effets sur le fondement d'une attaque dirigée contre les stipulations qu'il contient. (Art. 135 C. proc.).

Mais si, de son côté, le débiteur produit des

titres également authentiques, le juge se trouve dans l'impossibilité de donner provision au titre du demandeur, car il porterait atteinte au titre du défendeur ; le juge doit alors prendre connaissance des prétentions des parties, ce qui revient à dire que provisoirement le titre du créancier ne sera pas exécuté. Cela peut arriver s'il y a conflit de titres contradictoires (1).

Tous les actes peuvent-ils être délivrés en grosses ?

Non. Ceux-là seuls peuvent être délivrés ainsi, qui contiennent obligation de choses liquides et certaines. Voici en quels termes la Chambre des notaires de Paris rappelait et expliquait ce principe dans la délibération du 22 mai 1811 :

Les actes, dont les notaires doivent rigoureusement délivrer les copies en forme exécutoire ou de grosse, sont ceux qui portent un engagement formel de payer ou livrer des choses liquides et certaines. A l'égard des actes dont il ne résulte aucun engagement de cette nature et qui ne renferment que des obligations de faire ou de ne pas faire, ou de souffrir une chose, les notaires ne peuvent en délivrer aux parties que des copies dans la forme de simples expéditions.

Peut-on délivrer un nombre indéfini de grosses? L'article 20 de la loi de ventôse répond à cette question.

_____

(1) Bruxelles, 18 mars 1851, *Pasicrisie*, 1852, 2, 25 ; Rej., 5 févr. 1853 ; *ib.*, 1853, 1, 54.

Aux termes de cet article, l'officier public ne peut, à peine de destitution, délivrer qu'une seule grosse, si ce n'est avec l'autorisation du président du tribunal de sa résidence (a. 26, l. vent.), parties présentes, ou dûment appelées, conformément à l'article 844 du Code de Procédure ; au contraire, le nombre des expéditions n'est pas limité. D'où vient cette différence ? La prohibition dont s'agit a été établie, dit Dumoulin, « *propter præjudicium quod possit fieri alteri parti ; quæ forte satisfecit, prout apparere posset per cancellationem vel apocham scriptam in dorso prioris instrumenti.* »

Si l'on avait autorisé les notaires à mettre entre les mains des parties intéressées plusieurs titres exécutoires de la même convention, on eût enlevé toute sûreté aux transactions, car les malheureux débiteurs auraient pu se voir contraints de payer deux fois la même dette.

Le législateur, pour assurer l'observation de cette disposition, exige qu'il soit fait mention, sur la minute, de la délivrance d'une première grosse et frappe de destitution le notaire qui, de sa propre autorité, délivrerait une seconde grosse aux parties intéressées.

La seule question qui puisse nous arrêter est celle de savoir si les grosses, délivrées sous un gouvernement qui a cessé d'exister, doivent être rectifiées, pour devenir exécutoires, sous le gouvernement nouveau. Le Conseil d'Etat, dans un avis du 2 frimaire an XIII, s'était prononcé pour

15

la négative, et il est certain qu'au point de vue purement juridique, cette solution est acceptable.

L'acte authentique, une fois complet et régulièrement revêtu de la formule exécutoire en vigueur, émane de la puissance publique ; les changements dans le gouvernement n'empêchent pas l'État, personne morale, de subsister.

Pourtant les gouvernements de 1814 et 1848 exigèrent que de nouvelles formules fussent substituées aux anciennes, prétendûment « délivrées au nom d'un pouvoir illégitime », et la Cour de Paris a jugé que l'omission de cette formalité constituait une nullité de l'acte lui-même, attendu, dit l'arrêt, « que la forme exécutoire des actes est essentielle ; que seule elle donne aux titres la puissance légale en vertu de laquelle les officiers ministériels peuvent en poursuivre l'exécution. » (20 janvier 1849, D., 1849, 2, 137). Mais elle est revenue, le 3 janvier 1852, sur sa doctrine, en confirmant purement et simplement un jugement du tribunal civil de la Seine, dont voici les motifs :

« Attendu que si l'arrêté du gouvernement provisoire du 13 mars 1848 prescrit préalablement à l'exécution des grosses délivrées avant l'ère républicaine, de les présenter aux greffiers où aux notaires, afin d'ajouter la nouvelle formule à celle dont elles étaient précédemment revêtues, il s'ensuit que l'ancienne formule devait être maintenue ; que, dès lors, l'acte n'a pas perdu, par ledit arrêté, son caractère exécutoire, comme il le perdait par les dispositions de l'ordonnance du 30 août 1815, qui prescrivait formellement, à peine de nullité, la substitution d'une formule à l'autre; qu'il suit de là qu'on ne peut voir, dans la disposition dudit arrêté, qu'une simple prescription de convenance publique, dont l'omission ne peut entacher de nullité les actes d'exécution, attendu, dans tous les cas, qu'en l'absence de toute pénalité par ledit arrêté, on ne doit attacher, à l'omission de la formalité qu'il prescrit, une nullité d'actes, lorsque cette nullité ne pourrait résulter que d'un texte précis d'une loi qui n'existe pas, etc... »

Notons, en terminant, que la force exécutoire des actes notariés n'est qu'un caractère accessoire et non un caractère essentiel de l'acte notarié.

En un mot, l'authenticité de l'acte existe tout entière, indépendamment de toute formule exécutoire. C'est là, il est vrai, un complément de la plus haute utilité, mais ce n'est pas un élément de l'authenticité.

———————

Les actes authentiques passés à l'étranger font foi en France, mais ils n'y sont pas de plein droit exécutoires.

Ils doivent pour cela recevoir préalablement le « *pareatis* » du juge français, celui de l'arrondissement où l'exécution est poursuivie. Les officiers publics étrangers, dit M. Larombière (art. 1319, nº 26), n'ont, en effet, qu'une autorité nécessairement circonscrite dans les limites territoriales de la nation à laquelle ils appartiennent, et comme la force exécutoire des actes reçus par eux dérive exclusivement de la puissance publique dont ils ont été investis, au nom de leur souverain, elle ne peut être invoquée en France, sans violer le principe de notre souveraineté nationale.

QUATRIÈME PARTIE

DES CONTRE-LETTRES

Nous aurions pu borner ici notre étude, car les notions qui vont suivre n'ont point trait à l'acte notarié, dont nous avons cherché à présenter, d'une façon succinte, mais aussi juste que possible, la physionomie juridique.

Mais nous devons nous occuper maintenant d'une classe d'actes dont la loi a cru devoir elle-même parler au titre des actes authentiques dans l'article 1321. Et, en effet, il arrive souvent que ceux qui viennent de passer un contrat par devant notaire, le changent ou le modifient après coup par un acte secret qui constate, soit la simulation totale ou partielle de l'acte, soit des clauses ou conditions qui ne sont pas exprimées dans cet acte. Cette convention nouvelle s'appelle contre-lettre.

La définition exacte nous en est donnée par M. Demolombe : La contre-lettre est un acte secret qui annule ou modifie en tout ou en partie un autre acte ostensible, lequel est par cela même un acte simulé.

Autrefois, on appelait lettres, les actes publics

en général (lettres royaux, lettres patentes, lettres de relief, de rescision).

Dans une acception plus restreinte, on désignait, par cette expression, les actes considérés comme moyens de preuve de conventions ou d'autres actes juridiques; c'est dans ce sens qu'on disait : témoins passent lettres. L'expression contre-lettres, qui seule est restée, indique par elle-même le sens qu'il faut lui donner.

Il faudrait se garder de croire que tout écrit par lequel on modifie un acte antérieurement passé soit une contre-lettre.

Quelquefois l'acte réglera l'exécution ou l'inaccomplissement de la convention antérieure, quelquefois il sera son complément ou contiendra l'explication d'une clause obscure ou ambiguë. Dans d'autres cas, tout en se référant à un acte fait sérieusement et loyalement, il constituera une convention nouvelle qui sera, selon les cas, une remise de dette, une rétrocession, une novation, dont les effets se régleront de la manière ordinaire.

Exemple : Un auteur a, par un premier acte, vendu moyennant 10,000 francs un ouvrage à un éditeur ; l'ouvrage ne réussissant pas, comme on l'avait espéré, l'auteur consent, par un second acte fait avec l'éditeur, à réduire le prix à 5000. Il y aura là, non pas une contre-lettre dans le sens de l'article 1321, mais une convention de remise partielle de dette, parfaitement opposable aux tiers.

Supposons au contraire qu'un acte porte que Primus a vendu sa maison à Secundus : dans un second acte, tenu secret, les parties déclarent que la vente n'est pas sérieuse, qu'en réalité, Primus n'a pas vendu sa maison et que le prix n'a pas été payé. Secundus, propriétaire apparent, a pu vendre, hypothéquer, grever de servitudes, au préjudice du vrai propriétaire, l'immeuble qui semblait lui appartenir.

Donc la question de savoir si un écrit, dont le véritable caractère est contesté, constitue une contre-lettre, ou si au contraire il constate une convention nouvelle faite de bonne foi, c'est-à-dire sans qu'on puisse y voir la réalisation d'une simulation déjà concertée lors de la rédaction de l'acte primitif, se trouve, comme simple question de fait et d'intention, abandonnée à l'appréciation des tribunaux.

De tous temps, les contre-lettres ont été regardées d'un œil défavorable par les législateurs, et il répugne en général aux hommes de bien de se servir de ces procédés destinés le plus souvent à tromper soit le fisc, soit les tiers. C'était l'opinion de Pline le Jeune, qui répondait à quelqu'un qui lui proposait un arrangement de cette nature : « *Non convenire moribus suis aliud palam aliud agere secreto.* » De même, dans l'ancien Droit, Ferrière disait :

«Les contre-lettres sont vues défavorablement ; c'est un détour concerté entre les parties pour retenir d'une main ce qu'on abandonne de l'autre, ou pour mettre à couvert ce qu'on appréhende de faire connaître au public : en un mot, c'est une précaution qui rend souvent suspecte la foi de ceux qui en usent. »

Quelle décision a prise le législateur francais ?

Il pouvait, pour anéantir la fraude, prononcer la nullité radicale de la contre-lettre.

La loi du 22 frimaire an 7, sur l'enregistrement, l'avait décidé pour toute contre-lettre sous seing privé qui aurait pour objet une augmentation de prix stipulé dans un acte public ou dans un acte sous seing privé précédemment enregistré. En outre, elle prononçait une amende triple du droit qui aurait été perçu sur les sommes et valeurs ainsi stipulées.

Lors des travaux préparatoires, M. Duchatel, directeur de l'enregistrement, demandait que l'on proscrivît les contre-lettres d'une façon absolue. Cette proposition fut unanimement repoussée.

Les rédacteurs du Code, respectueux jusqu'au bout de la volonté des parties contractantes qui peuvent, à leur gré, restreindre et modifier leurs conventions, en ont reconnu la validité dans l'art. 1321, mais ils en ont restreint immédiatement l'effet entre les parties seulement. Il eût été de toute injustice de sacrifier l'intérêt des tiers qui, étrangers à la contre-lettre, auraient traité avec l'une des parties sur la foi de l'acte ostensible.

Nous aurons sur cette matière deux questions à nous poser :

1° Qu'est-ce au juste qu'une contre-lettre au sens de l'art. 1321 ?

2° Quels en sont les effets ?

Section I

SENS DU MOT CONTRE-LETTRE DANS L'ARTICLE 1321

La loi a elle-même employé le mot contre-lettre dans deux sens différents :

Dans un premier sens, elle veut indiquer par là un écrit qui vient en modifier un autre ; c'est ainsi qu'il faut expliquer l'article 1396 au titre du contrat de mariage. « Les changements, qui seraient faits avant la célébration du mariage, doivent être constatés par acte passé dans la même forme que le contrat de mariage. Nul changement ou contre-lettre n'est au surplus valable sans la présence et le consentement simultané de toutes les personnes qui ont été parties dans le contrat de mariage. »

Dans l'art. 1321, l'expression contre-lettre a un sens plus étroit.

Il signifie tout acte destiné à rester secret et qui modifie les dispositions d'un acte ostensible. Il n'y a point deux conventions dont l'une succède loyalement à l'autre. Il n'y en a qu'une qui, le plus souvent, est le produit d'une pensée de simulation et de fraude. Il est admis, par la jurisprudence, qu'une obligation est valable, bien que la cause exprimée soit fausse, si, d'ailleurs, elle a une cause réelle et licite. De là, il suit que l'acte sous seing privé, qui révèle la fausseté de la cause exprimée dans un acte authentique et en énonce la cause réelle, n'est pas, à proprement parler, une contre-lettre, et n'a pas pour effet d'anéantir et de remplacer cette obligation. En effet, dans ce cas, l'obligation ostensible n'est pas simulée; seulement la cause exprimée n'était pas la cause véritable, le second acte modifie bien le premier, quant à sa cause déterminante, mais il ne le remplace pas.

Donc ce qui caractérise la contre-lettre, c'est qu'elle émane d'une pensée de simulation. Les exemples que nous avons donnés plus haut font ressortir la différence qui la sépare des actes réguliers et licites qui ont pour but d'augmenter, restreindre ou modifier des conventions antérieurement passées.

Il faut se garder de confondre la contre-lettre avec d'autres actes qui s'en rapprochent beaucoup en apparence.

Telle est la déclaration de command ou d'ami par laquelle un acquéreur se réserve la faculté de nommer dans un délai déterminé, une personne,

qui pourra prendre l'acquisition pour son propre
compte. Cet acte n'a rien que de très honnête et
régulier.

Les tiers ne sont pas trompés, puisque la déclaration qui est faite dans l'acte même les avertit
suffisamment du but cherché.

Nous en dirons autant de ce que l'on appelle le
prête-nom, forme particulière du mandat.

Section II

EFFETS DE LA CONTRE-LETTRE

Nous pouvons résumer en trois propositions
les effets des contre-lettres.

1° Elles ont effet entre les parties contractantes;

2° Elles n'ont pas d'effet contre les tiers;

3° Elles produisent effet en faveur des tiers.

I. — La contre-lettre produit effet entre les
parties contractantes. (Art. 1321.)

Le texte, par sa rédaction générale, embrasse
aussi bien les contre-lettres par acte sous seing
privé que celles qui ont lieu par acte authentique.

Dans l'ancien Droit, l'authenticité avait paru

répugner en quelque sorte à la nature de la contre-lettre et, en conséquence, si la prétendue contre-lettre avait été faite par acte authentique, elle perdait son caractère propre et avait envers et contre tous le même effet que les actes authentiques.

Nous avons vu également que la loi du 22 frimaire an VII avait établi une distinction analogue, en ce qui concerne les dissimulations de prix. Mais alors, c'est qu'il y avait un intérêt considérable pour le fisc. Au regard de lui, la contre-lettre authentique sera certainement connue, puisque les actes notariés sont nécessairement enregistrés dans un délai déterminé.

Il n'y a pas lieu non plus de distinguer suivant que l'acte sur lequel les parties reviennent est authentique ou sous seing privé. Le plus souvent, ce sera un acte authentique, mais il peut se faire que ce soit un acte sous seing privé ayant date certaine et susceptible de produire effet à l'égard des tiers.

De même, il faut appliquer les dispositions de la loi en matière civile aux contre-lettres qui pourraient se produire en matière commerciale, par exemple, pour modifier les rapports des associés entre eux. La Cour de Cassation l'a ainsi décidé par un arrêt du 20 décembre 1852. (S. Dev., 53, 1, 27), et ce, malgré les principes spéciaux du Code de comm. qui prononcent la nullité des sociétés non publiées.

Notons ici que la contre-lettre, pour produire

effet *inter partes,* doit réunir les conditions qui sont requises pour la validité des conventions en général.

Opposable aux parties, elle le sera aussi à leurs représentants, héritiers ou autres successeurs universels. Elle le serait également au mandant, lorsqu'elle a été souscrite sans fraude par le mandataire, qui n'est, pour ainsi dire, que l'instrument dans l'acte auquel le mandant seul est partie dans le sens juridique du mot.

II. — La contre-lettre n'a pas d'effet contre les tiers.

Que faut-il entendre par tiers ?

Il faut entendre par là tous ceux qui, étrangers à la contre-lettre, ont dû compter sur l'existence de l'acte modifié secrètement par elle et qui éprouveraient un préjudice si la contre-lettre avait la valeur des actes ordinaires. Sont donc des tiers, dans le sens de l'article 1321, les ayants-cause, concessionnaires de droits réels sur la chose qui a fait l'objet de la convention relatée dans l'acte ostensible, par exemple les tiers acquéreurs, les créanciers hypothécaires et aussi les créanciers chirographaires : pour ces derniers, on l'a cependant contesté en faisant valoir ce principe que les créanciers chirographaires ne peuvent jamais avoir plus de droit que leur débiteur (1). Mais l'esprit de la loi prouve

(1) De Charencey, *Encyclop. du Droit*, vᵒ contre-lettre, nᵒˢ 35 et 37.

surabondamment qu'il y a ici une exception qui s'impose au bon sens et à l'équité de tout le monde.

L'article 1321 a eu pour but de garantir d'un dommage injuste tous ceux que l'acte simulé peut induire en erreur. Or, il est bien certain que les créanciers, qui ont consenti à prêter, ne l'auraient pas fait, s'ils avaient pu se douter que les biens, sur lesquels ils comptaient pour recouvrer leur créance, appartenaient à un autre que le débiteur.

Décider le contraire serait favoriser la fraude et les sacrifier à la mauvaise foi.

III. — La contre-lettre peut être invoquée, par les tiers, en leur faveur.

Ainsi, par exemple, Primus a vendu à Secundus sa maison, moyennant 100,000 francs, et une contre-lettre vient établir que le prix réel est de 125,000 francs, les créanciers de Primus pourront réclamer de Secundus la somme de 125,000 francs. Cette solution se justifie parfaitement : si l'article 1321 leur permet de faire réputer la contre-lettre non avenue en ce qui touche leur intérêt, il n'y a pas lieu de rétorquer contre eux une faculté qui est introduite en leur faveur.

La régie de l'enregistrement est un tiers dans le sens de l'art. 1321, c'est-à-dire que la contre-lettre, destinée à établir la simulation d'un acte précédent, ne peut lui être opposée dans le but de mettre obstacle à la perception des droits dont cet acte est susceptible. Mais elle peut se prévaloir de la contre-lettre à son profit pour exiger le droit auquel cette contre-lettre peut elle-même donner naissance. Bien plus, et s'il y a eu dissimulation dans le but de frauder la régie, elle peut, en faisant abstraction de la simulation qui ne lui est pas opposable, considérer les deux actes comme sincères et voir dans la contre-lettre une véritable rétrocession donnant lieu à son tour à un nouveau droit proportionnel. (Cass., 11 juillet 1814, aff. Dubo.)

Exception jurisprudentielle. — Il y a des cas où les contre-lettres ont paru porter une atteinte si grave à l'ordre public, que les tribunaux n'ont pas hésité à les déclarer radicalement nulles, même entre les parties.

Cette exception a lieu, en matière de cession d'office, lorsqu'un prix a été stipulé dans l'acte et un autre dans la contre-lettre.

Il importe, en effet, que les titulaires d'offices ne soient pas grevés d'obligations trop lourdes envers leurs prédécesseurs, sans cela la nécessité de se libérer le plus tôt possible pourrait les exposer à de graves abus bien regrettables pour les particuliers.

POSITIONS

DROIT ROMAIN

I. Pour former le contrat *litteris,* il suffit de la mention portée par le créancier sur son registre et du consentement du débiteur ; il n'est pas nécessaire que le registre du débiteur contienne la mention inverse et contraire.

II. Le contrat littéral n'est pas une forme de novation.

III. Les *chirographa* et les *syngraphæ* constituaient un véritable contrat *litteris* pour les pérégrins.

IV. Sous Justinien, lorsque le délai pour opposer l'exception *non numeratæ pecuniæ* est expiré, l'écrit sert de cause suffisante à l'obligation, de telle sorte que le débiteur ne serait pas admis à prouver qu'il n'y a pas eu numération d'espèces.

V. Il n'existe plus, sous Justinien, de contrat se formant à proprement parler *litteris.*

16

VI. Dans le dernier état du Droit romain, la preuve littérale a une autorité plus grande que la preuve testimoniale.

VII. En Droit romain, un simple fait pouvait constituer l'hypothèque.

VIII. La seule échéance du terme ne constitue pas le débiteur en demeure.

HISTOIRE DU DROIT

I. Jusqu'à Saint Louis, les notaires n'étaient que les greffiers des juges.

II. Le pouvoir accordé aux notaires modernes de donner l'exécution parée aux actes de leur ministère vient de la confusion qui existait dans notre ancien Droit entre la juridiction contentieuse et la juridiction volontaire.

III. L'origine de la communauté se trouve dans le Droit germanique.

DROIT CIVIL

I. Les actes reçus par un notaire institué par l'autorité compétente, mais dont l'institution est viciée par suite d'une incapacité personnelle, sont néanmoins valables.

II. Les procurations, pour passer des actes pour lesquels l'authenticité a été exigée par la loi *ad solemnitatem,* doivent, elles-mêmes, être passées en la forme authentique.

III. Les actes sous seing privé deviennent authentiques par le dépôt qui en est fait régulièrement ès-mains d'un notaire, mais cette formalité est insuffisante pour ceux qui doivent être nécessairement passés en la forme authentique.

IV. Sous l'empire de la Constitution actuelle, on ne peut prononcer la nullité d'actes d'exécution, sous prétexte qu'ils ont été faits en vertu d'une grosse revêtue d'une formule exécutoire qui n'a pas été modifiée, conformément au décret du 6 septembre 1870.

V. La loi du 21 juin 1843 n'exige pas, à peine de nullité, la présence réelle du notaire en second pour les contrats de mariage, même quand ils contiennent des donations.

VI. La plus-value acquise par un office ministériel au cours de la communauté ne constitue pas un acquêt, mais profite exclusivement au mari qui en est titulaire.

VII. Le remploi effectué par le mari dans les conditions de l'article 1435 constitue de sa part un acte de véritable gestion d'affaires.

VIII. L'action résolutoire est encore recevable au cas de faillite, même après la perte du privilége, alors même que l'hypothèque de la masse des créanciers aurait déjà été prise par les syndics sur l'immeuble vendu.

IX. Une femme mariée sous le régime de la communauté ne peut pas valablement stipuler une incapacité complète de s'obliger, même avec l'autorisation de son mari ou de justice.

X. L'interdiction du mari peut être invoquée par la femme comme cause suffisante de séparation de biens.

XI. La possession d'état n'est pas admissible comme preuve de la filiation d'un enfant naturel.

DROIT COMMERCIAL

I. Le consentement du mari, nécessaire à la femme pour faire le commerce, ne peut pas être suppléé par l'autorisation de la justice.

II. Le privilége du vendeur est perdu s'il n'a pas été inscrit, ou si la vente n'a pas été transcrite avant le jugement déclaratif de la faillite de l'acheteur.

III. La loi sur le cours forcé des billets de banque est d'ordre public et n'admet pas de convention contraire.

IV. Pour savoir quel est le droit du porteur

d'une lettre de change sur la provision, il faut distinguer suivant que la provision consiste en une créance ou en un corps certain : dans le premier cas, le porteur est propriétaire ; dans le second, le porteur a un droit de gage.

DROIT PÉNAL

I. Le complice d'un officier public, auteur principal d'un faux, ne doit pas être puni de la même peine que cet officier public. Les circonstances aggravantes, qui résultent d'une qualité exclusivement personnelle à l'auteur principal, ne doivent pas réagir sur le complice.

II. Pour faire preuve de l'abus de blanc-seing, s'il s'agit d'un intérêt supérieur à 150 francs, il faut que le fait de la remise soit prouvé par écrit, ou du moins qu'il s'appuie sur un commencement de preuve par écrit qui permette l'admission des témoins.

III. L'admission de l'excuse ne peut empêcher d'admettre les circonstances atténuantes ; les articles 326 et 463 du Code pénal s'appliquent à la fois.

IV. Il n'est pas permis de remettre en question au civil les faits affirmés par les décisions rendues au criminel, et la juridiction civile est liée non seulement par le dispositif de ces décisions, mais encore par ceux de leurs motifs où sont examinées et appréciées les qualifications pénales servant de base à ce dispositif.

———

DROIT INTERNATIONAL.

I. L'acte rédigé sous signature privée, dans un pays où cette forme était suffisante, est valable en France, alors même que la forme authentique était impérativement éxigée par la loi française.

II. Dans les pays étrangers où, comme au Brésil, l'intérêt conventionnel n'étant pas limité, les usages commerciaux le font monter jusqu'à 12 0/0, il n'y a pas usure à percevoir cet intérêt des sommes qui y sont engagées dans le commerce, même entre Français.

III. L'étranger, marié en France et légalement divorcé dans son pays, peut contracter en France un nouveau mariage.

IV. Les Tribunaux français, saisis d'une demande en séparation de corps ou en divorce formée entre étrangers, doivent d'office se déclarer incompétents.

V. L'individu, né en Belgique de parents français, qui, lors de sa majorité, a opté pour la nationalité belge, en vertu de l'article 9 du Code civil, ne peut être contraint au service militaire en France.

VI. L'étranger ne peut pas être tuteur en France.

Vu :

Douai, ce 7 juin 1884.

LE DOYEN DE LA FACULTÉ,

Président de la Thèse,

DANIEL DE FOLLEVILLE.

Permis d'imprimer :

Douai, ce 7 juin 1884.

Le Recteur de l'Académie

D. NOLEN.

Douai. — L. Dechristé, imprimeur breveté, rue Jean-de-Bologne, 1.

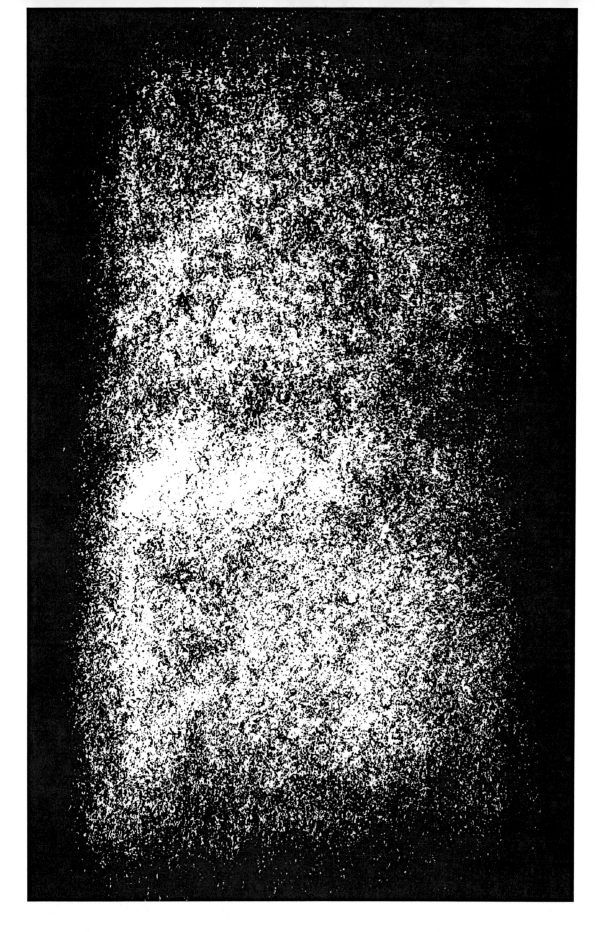

CPSIA information can be obtained at www.ICGtesting.com
Printed in the USA
BVOW01s1030030215

386157BV00016B/233/P